世界の考古学
⑪

ヴァイキングの考古学

ヒースマン姿子

同成社

発掘されたオーセベル船（9世紀。オスロ・ヴァイキング船博物館）

復元された樽板式納屋（スウェーデン・ゴットランド島）

ルーン石碑 ▶
(11世紀。ウップサーラ大学)

樽板式教会
(12世紀。オスロ・ノルウェー民族博物館)

スウェーデン・ビルカ
の異教墓域（9世紀）

スウェーデンのアーヌンズヘーグ
にある船型配石墓（9世紀）

スウェーデンのガムラ・ウップサーラに残る「王墓群」（6世紀）

スウェーデン・ゴットランド島トゥーシュブリエンの保塁址（4〜11世紀）

はじめに

　私たちは「ヴァイキング」と聞くと、何を思い浮かべるだろうか。野蛮な髭面海賊、角つき兜、ヴァイキング料理……。ぼんやりとしたイメージすら現れない人も多いだろう。

　ヴァイキングはたしかに海賊行為が得意だったが、角つき兜はかぶらなかったし、ヴァイキング料理も食べなかった。角つき兜について言えばそういったものはいまだに発見されておらず、そもそもヴァイキング時代には兜自体の出土がほとんどない。これはヴァイキングの故郷スカンディナヴィアで民族ロマン主義や国民運動が盛んになった、19世紀の産物なのである。ヴァイキング料理も、元来日本の帝国ホテルが名づけた国産品だ。だいたいヴァイキング時代当時、どの国であろうと一般庶民が何皿もある豪勢な食事に饗することができたわけがない。

　ところがスカンディナヴィアの歴史的アイドルであるヴァイキングは、肝心な当地ですら角つき兜をかぶった大食らいの野人たちだと思われている。そしてスカンディナヴィア人は自分ではヴァイキングという名前を至るところで多用するくせに、外国人が話題に出すことにはうんざりしている。日本人とニンジャやサムライとの関係みたいなものだ。

　たしかにヴァイキングは、チャンバラや冒険が好きな人にはたま

らないおもしろさがある。だが、それだけではない。彼らには、尊敬すべきタフさがある。そもそも何があるとも知れない外洋へ漕ぎ出していくというだけでも、その度胸には頭が下がる。

これは男だけの話ではない。故郷に置き去りにされ、いつ帰るとも知れないヴァイキングを待つ女たちは強く、しっかりしていた。アメリカ大陸での男たちが次々と殺された悶着でも、先住民を追い払ったのは女だった。彼女らは前向きで、順応性が高かった。

ヴァイキング時代のスカンディナヴィア人は、歴史の一瞬を必死で生きて一時代を築き上げた。彼らの時代は溢れんばかりのエネルギーで輝いている。彼らは中世ヨーロッパ文化の波にさらされながら、自分というものを強く、そして無意識にもっていた。これが「個性」だ。ヴァイキングがもつ不思議な光はこの個性が放つのであり、その個性の根源は彼らの精神的タフさにある。

ヴァイキングに興味ある方々は、最初は彼らが貧しく寒いから海賊行為に出かけたと考えることが多いようだ。それでも結構である。そこから一歩踏み込んで、「なぜアラスカやシベリアの人たちは海賊にならなかったのだろう？」「その寒く貧しいところに、女子供はずっと暮らしていたのか？」「男たちは年がら年中船の上で暮らしたのか？」「集めた宝はどうしたのだろう？ 売るところがあったのか？」などと思いつけばしめたものだ。ここから当時の気候や地誌、生活形態、造船技術、交易地や商業地遺跡などについてもっと知りたいと思う。その結果得た知識が、ヴァイキングに対する偏見を減らしてくれるはずだ。最初は知らなくて当然、問題は獲得した知識をどう発展させ、使うかなのである。

本書が読者の方々に多少とも有意義な情報を提供でき、またヴァ

イキングの美しい強靱さと生に対する透き通るような情熱をすこしでも伝えることができればこの上ない幸いである。

目　　次

はじめに

第1章　ヴァイキングとスカンディナヴィア …………………3
　　1　北の脅威　3
　　2　共晶　5
　　3　氷河の爪あと　8
　　4　光と闇　13

第2章　夜明け前 ……………………………………………17
　　1　ゲルマン民族の大移動　17
　　2　金の時代　21
　　3　力の錯綜　23
　　4　核の胎芽　28
　　5　国家意識の目覚め　32
　　6　黄泉への船　35
　　7　伝説の主人公　40

第3章　掠奪の時代 …………………………………………47
　　1　削奪と創造　47
　　2　事情　52
　　3　銀の時代　55
　　4　風の島　59
　　5　ヴァイキングの町　65
　　6　余所者　70
　　7　農民　74

8　力の中心　78
　　【コラム　アーデルスエー島の夏】

第4章　征服と植民の時代 …………………………………95
　　1　王位簒奪　95
　　2　薄い足跡　100
　　3　庶民の匂い　103
　　4　明暗　107
　　5　アメリカ発見　110
　　6　火と氷の島　114
　　7　ミクリガルズを目指して　118
　　8　狭間　123
　　9　最果ての民族　126

第5章　統一の時代 ……………………………………131
　　1　クヌーズ大王　131
　　2　猫の目支配　136
　　3　エーリク朝　140
　　4　溶暗　143
　　5　要塞と教会　145
　　6　都市の誕生　149
　　7　神のシグトゥーナ　154
　　8　国防軍　160
　　9　地図と計算　162

第6章　文芸と宗教 ……………………………………167
　　1　子孫たちの記憶　167
　　2　躍る獣　169

3　ルーンは語る　173
　　　4　華やかな墓碑　180
　　　5　弔い　183
　　　6　神々の世界　189
　　　7　謎の異教神殿　193

第7章　流星の尾 …………………………………………………197

参考文献一覧
ヴァイキング関連事項年表
おわりに
遺跡索引

　　　　カバー写真
　　　　　スウェーデン、アーヌンズヘーグの船型配石墓
　　　装丁　吉永聖児

ヴァイキングの考古学

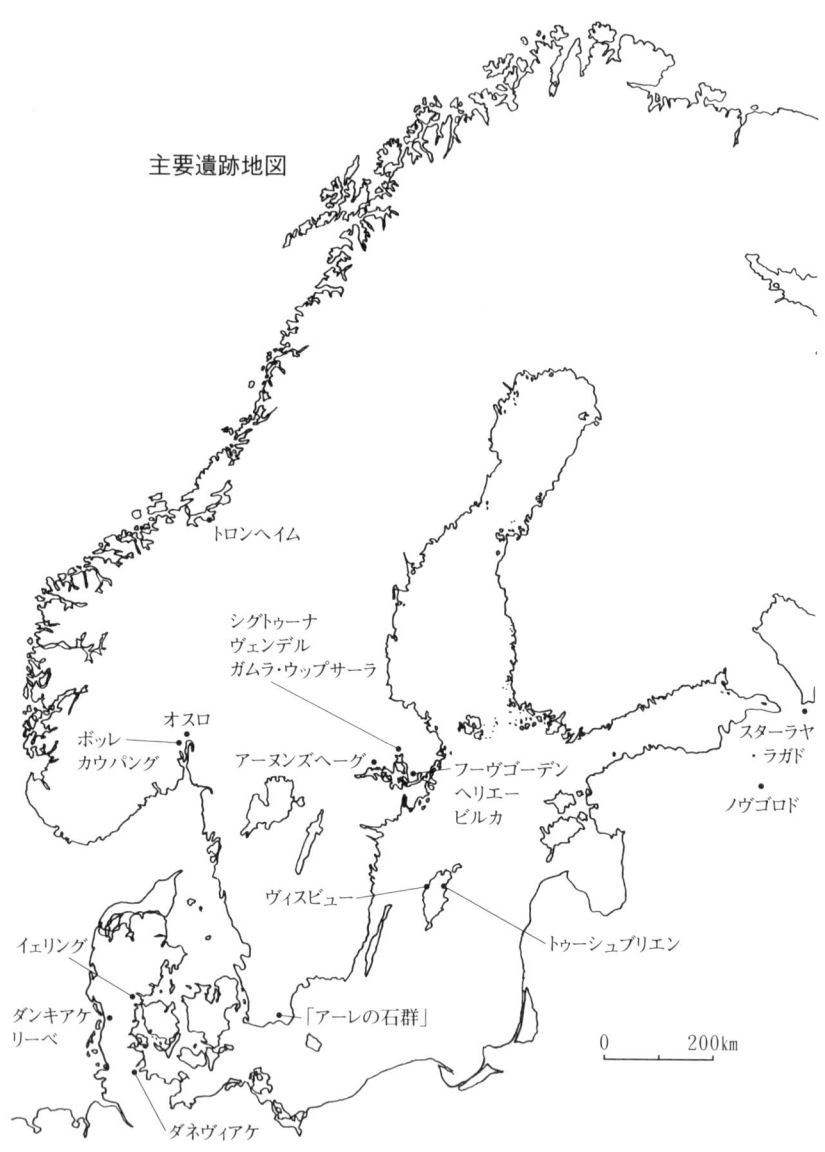

第1章　ヴァイキングと
　　　　　スカンディナヴィア

1　北の脅威

　イギリス北東部のノーサンバーランド州に、リンディスファーン（Lindisfarne）という高潮島がある。7世紀ここに建てられた修道院は、何の変哲もないこの小島を「聖なる島」と崇められる地位にまで押し上げた。

　ところが西暦793年6月8日、慈悲深い修道僧たちを悪夢が襲った。水平線の彼方から現れた外国船団がこの島に突如上陸、聖職者たちを殺害し、祭器を掠奪したのである。

　神をも恐れぬこの急襲は、文字記録にはっきりと残る最初のヴァイキング襲撃として知られている。彼らはこののちヨーロッパの海や川を我が物顔で闊歩し、次々と教会や都市を襲いはじめた。そしてやがては各地で領土をもぎとり、イングランドの王権まで奪ってしまうことになる。

　「ヴァイキング」とは9世紀から11世紀ころ、北西ヨーロッパを中心に掠奪と侵略をくり返したスカンディナヴィア人のことだ。よく海賊とヴァイキングの違いを尋ねる人があるが、これに端的に答えれば、私たちは海賊にはなれてもヴァイキングには決してなれな

い。海賊は今もいるが、ヴァイキングは現代には存在し得ないのである。

　ヴァイキングということばには、いろいろな解釈がある。たとえば「湾で待ち伏せする人」、「故郷を離れる人」、「ヴィーケン（ノルウェーのオスロフィヨルド周辺）の人」、「商業地にまつわる人」、「野営する人」などだ。しかしもともと誰がこの語を使いはじめたのか、つまりこれがもともと古北欧語起源なのか、それとも古英語やフランク語など他のヨーロッパ語に由来するのかという、根本的な問題もまだ解決していない。もっとも当時スカンディナヴィア人海賊がヴァイキングとよばれたことはあまりなく、たいていの場合は「北の人」、「異教徒」、「デーン人（デンマークの一民族名）」などと称されていた。

　ヴァイキングは年中海上を浮遊して、獲物を探す専業海賊ではなかった。彼らのほとんどは海外で奢侈品を手に入れると帰宅し、剣や斧をもった手に鍬や釣り竿を握る「半農半賊」だった。ヴァイキングは被害者にとっては神の冒瀆者、強盗殺人常習犯であっても、その家族からすれば命を賭して財産をもちこみ家の繁栄に尽くす、頼り甲斐のある男だったのである。

　つまり彼らの目的は食糧ではなかったのだ。よくヴァイキング出現の理由は天候悪化や人口過剰による食糧難だといわれるが、彼らは口減らしや食糧獲得のために船出したのではない。

　それではヴァイキングは、なぜ生まれたのだろうか。ただの冒険心か、財産家への野望か、ただ掠奪をしたかったのか、あるいはそうする必要があったからなのか。その理由は漕ぎ出した船の数だけあるだろう。しかし前の時代を眺めてみると、いくつかの要因が浮

かび上がってくる。このため次の章ではヴァイキング時代に先行する時期を紹介するが、その前に彼らの故郷スカンディナヴィアについてもうすこし詳しくみて、ヴァイキングのイメージを増やしておこう。

2 共晶

ヴァイキングの故郷スカンディナヴィアは、デンマーク、ノルウェー、スウェーデンの三国からなる。おもな構成民族はどこも同じ北方ゲルマン系で文化も言語も非常に近いが、ヴァイキング時代にはすでにはっきりとおたがいを区別していた。

ところがこれら三国の上位には、スカンディナヴィアという歴然としたアイデンティティがあったのである。その証拠にスカンディナヴィア内部で国家間戦争がくり広げられているときでも、海外に出ていくヴァイキングはしばしば「三国籍軍」だった。

デンマークは、スカンディナヴィアの盾だった。この国だけがヨーロッパ大陸に直結していたからである。このためいつの時代も南の先進文化が最初に入ってきたが、代わりに常に大国の脅威にさらされてもいた。ヴァイキング時代当時のデンマークは今よりも領土が広く、現在のスウェーデン南部・西部からノルウェー南東部にかけての沿岸地帯もこの国に従属していた。

いっぽうスカンディナヴィア半島の東西に陣取るスウェーデンとノルウェーは、完全に「ヨーロッパ」の埒外にあった。そのうえ周辺の非スカンディナヴィア系民族は、どれもまだ統一国家をもっていなかった。このため大陸文化は遅れて入ってきたが、視野を妨げ

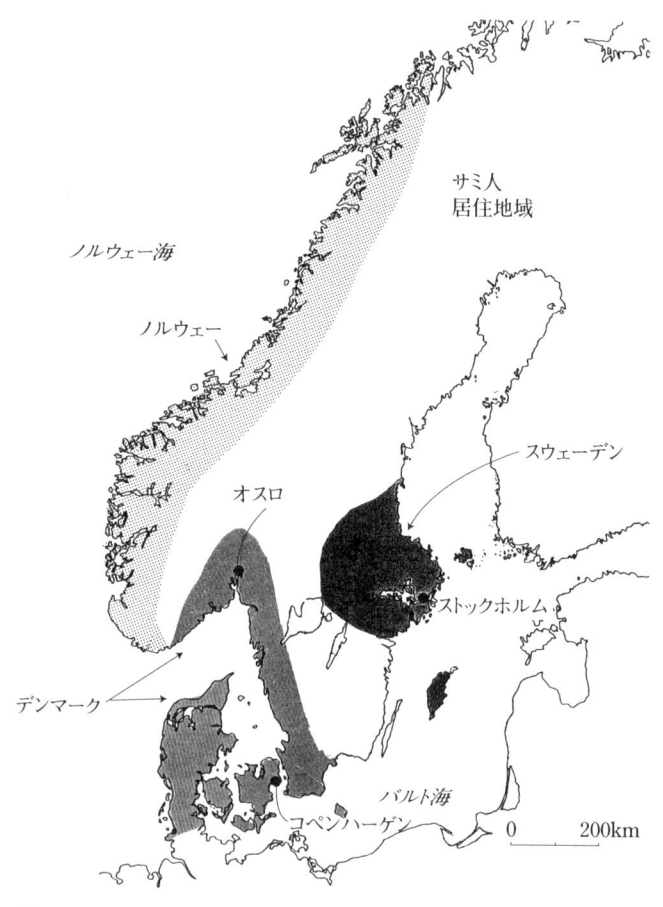

図1　ヴァイキング時代のスカンディナヴィア（●は現在の首都）

る障害もなかったのである。当時スウェーデン（「スヴェア国」）の領土は現在のそれよりずっと狭く、スカンディナヴィア半島の東半分を三分の一にわけた真ん中あたりにかぎられていた。ノルウェーは、今の国土から山岳地帯を除いた部分と考えればいいだろう。こ

こではヴァイキング時代のはるか以前から、北極圏の上の方までゲルマン系ノルウェー人が住んでいたのである。ちなみにスカンディナヴィア半島山岳部と北部の空白地帯は、非ゲルマン系のサミ人（ラップ人）居住圏だった。

　ところでヨーロッパ大陸の人びとは、中世初期ですらスカンディナヴィアを島だと思っていた。彼らは、スカンディナヴィア半島がフィンランドとつながっていることを知らなかったのである。一方のスカンディナヴィア人は早い時代からボスニア湾の対岸や北岸と往来したり、住みついたりしていたから、当然ここの地理はわかっていた。バルト海を渡りながら横目で北を仰ぎ見るとき、スカンディナヴィア人はその先に陸があることを知り、ヨーロッパ大陸の人びとはこの海が延々と闇に凍る世界へつながるものだと信じていたわけである。この認識の差異は、バルト海に臨む覚悟にも影響したに違いない。内海を横切るのと、最果ての外海を航行するのとでは、その恐怖は比較にならなかっただろう。

　さてヴァイキング活動開始当時、ノルウェーとスウェーデンには統一王権がなかった。デンマークでもあったかどうかはっきりしない。しかしどの国もヴァイキング時代の終わりころキリスト教が導入され、それにともなって統一国家になった。要するに、ヴァイキングは異教徒だったのである。したがって神聖なキリスト教会が彼らにとっては開けっ放しの金庫でしかなかったことも、至極あたり前なのだ。

　この時代は考古学で「後期鉄器時代ヴィーキング期」とよばれ、西暦800年ころ始まるとされる。しかし近年は、開始年代をこれより20〜30年さかのぼろうとする傾向が強い。いっぽうヴァイキング

時代の終わりは、11世紀半ばとされる。これをもっと厳密にデンマークではそのイングランド支配が終わる1042年、スウェーデンでは最初の統一王朝が滅亡する1060年ころ、ノルウェーではハーラル苛烈王のイングランド侵攻が失敗する1066年とすることもある。

それでは、次にスカンディナヴィアの地勢についてみてみよう。

3　氷河の爪あと

スウェーデンのキルナからノルウェーのナルヴィークに向かう電車は、車窓からの景色がよく人気がある。路線全体が北極圏内という緯度の高さだけでなく、スカンディナヴィア山脈を横切りながら標高1000mくらいのところを走るという高度の高さもおもしろい。

この電車に乗って右手にトルネ湖を臨むころ、「永久凍土地帯（ツンドラ）」に入る。ここでは草木もろくに育たず、色あせた不毛の高地が閑散と開けている。そしてまもなく左手に奇妙な山がみえてくる。そのちょうど真ん中が、誰かに蹴飛ばされたように大きくU字型に凹んでいるのである。この犯人は氷河だ。たかが氷の塊が、巨大な山をこれほどまでにはぎとっていくのである。会津磐梯山がグレードアップしたような姿のこの山は、「ラップ人の門」とよばれている。

やがて、広々とした高地が裂けはじめる。その裂け目がどんどん大きくなっていくのをみて、初めてこの電車に乗る乗客は不安を覚えるだろう。それと同時に線路もしだいに高度を下げていく。このころ裂け目は地割れのように大きくなり、その間隙からのぞく奈落の底にどす黒い水がみえてくる。そして最後に高度1000mを越す

第1章 ヴァイキングとスカンディナヴィア 9

図2　ラップ人の門

高地が突然なくなってしまい、代わりにノルウェー海が視野いっぱいに広がるのである。まるでハンググライダーでもしているような気分だ。これが、上からみたフィヨルドである。

「フィヨルド」は、氷河が大地をえぐってできた谷間に海水が入りこんだものだ。つまりどこにあろうと、フィヨルドは海岸なのである。ノルウェー人はこのフィヨルドの上で牧畜や狩りをし、谷間の凪いだ海で漁をして生きてきた。彼らは、畑を耕す生活に依存できなかったからだ。フィヨルドの断崖が海面から突然そびえているということは、農耕ができる平野がないということなのである。

こうして、電車は終点ナルヴィークに到着する。駅に降り立つと、まずここが北極圏とは思えないほど暖かいことに驚くだろう。ノルウェー西海岸はメキシコ湾流のおかげで気温が高く、ナルヴィークは永久不凍港として年中船が出入りしている。早い時代からノルウェーでははるか北部まで人が住んでいたのも、この暖かさを体験すれば納得できる。

その一例をあげよう。9世紀にウェセックス王国（ブリテン島南

西部)の王アルフレッド「大王」と会ったオウッタルというノルウェー人は、ノルウェー北部のホローガラン地方に住んでいた。彼はサミ人から毛皮やセイウチの牙などを徴収してヨーロッパ大陸で売りさばき、また720頭ものトナカイももっていた(熊野 1983)。毛皮はヨーロッパ大陸で需要が高く、セイウチの牙も象牙が入ってくるまでは珍重されていたのである。

　オウッタルの弁がどこまで正確かはわからないが、彼のようなノルウェー人がいたことは確かなようだ。たとえば北ノルウェーのローフォーテン諸島にあるボル遺跡(Borg)では、ヴァイキング世界の最果てにありながら最大の住居址がみつかっている。この家は長径が83mもあり、いちばん大きい部屋は112m^{2}にもなる。ここからは金製品やガラス製品など、イングランドやヨーロッパ大陸から入ってきた遺物も多く発見された。ボル遺跡は、「寒い＝貧しい」という考えがかならずしも正しくないことを如実に語っている。

　もっとも、スカンディナヴィア半島の土壌が貧しいことは間違いない。これも氷河のせいだ。氷河は広がりながらその下にある土砂や石塊を巻き込んで運び、解けるときは全部置いていく。土砂や石塊が満面に散らばる土壌が、肥沃なわけがない。さらにこの「氷堆石(モレーン)」とよばれるありがたくない氷河の置き土産は、あちらこちらで積もりに積もって「エスカー」という堤防のような丘になっている。このせいで、南部を除くスウェーデンの風景は凸凹がある。この国にはノルウェーよりは開けた土地が多かったが、結局地味が悪いので農耕だけで生きていくのはむずかしかった。そのためスウェーデンでも狩りや牧畜、漁などが盛んに行われた。

　スカンディナヴィア半島に無数にある川や湖は、糧となる魚介類

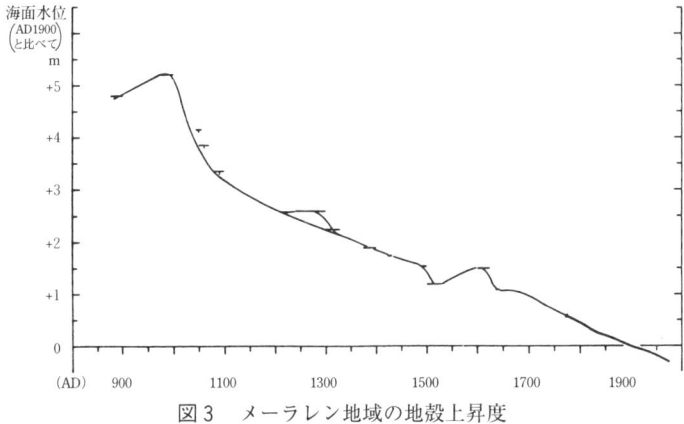
図3　メーラレン地域の地殻上昇度

のほかに鉄の原料も与えてくれた。ここでは水中の鉄分が、石のような塊になっている。これは「沼鉄鉱」と呼ばれ、潜ればとれるという気軽さのため鉄器時代の早い段階から利用されていた。何しろ現在のスウェーデンにある湖だけでも9万2400ヵ所を数えるのだから、鉄原料には困らなかっただろう。

しかもヴァイキング時代は、川も湖もさらに多かった。土地自体が今より低いところにあったからである。そしてこれもまた、氷河の影響なのだ。

氷河は重く、氷河時代は長かった。そのため下にあった地殻は押されて沈んでいた。やがて氷河が解けると、その地殻がもとの高さに戻ろうとして上がりはじめた。「アイソスタシー現象」というこの地殻上昇は、現在もデンマークを除くスカンディナヴィア各地で進行している。半島の南部ではほとんど止まったが、北部ではまだ年間1cm近くも標高が上がっているのである。

歴史上のアイソスタシー現象については、スウェーデンの首都ス

トックホルムがあるメーラレン地域で観察が進んでいる。ここでは標高30mていどの丘に登ると、そのてっぺんが砂浜になっていることがある。それもそのはず、この高さは新石器時代の海岸線なのだ。風光明媚な丘の頂上が、今から6000年前は静かな波打ち際だったというわけだ。ちなみにヴァイキング時代のメーラレン地域は、今より5mから3.5m低かった。

　さて、上にあげたように氷河の痕跡は大きくわけて3つある。フィヨルド、氷堆石、アイソスタシー現象だ。しかしデンマークだけは、これらの影響があまり目立たない。氷堆石は少なく、アイソスタシー現象はもはやみられない。フィヨルドはたくさんあるのだが、土地が平らなので、ノルウェーほど注意を喚起しない。どのくらい平らなのかというと、デンマーク人が「天山」と名づけた最高峰でも標高200mにはるか及ばないのだ。

　この平坦さと温暖な気候のおかげで、スウェーデン南部を含むデンマークは農業で生きていけるスカンディナヴィア唯一の地域だった。ここでみえる広々とした一面の畑は、スカンディナヴィア半島からきた者にとってはどうにも異質に思えてしまう。それは森が少ないせいもある。ただしこれは近世の開拓にともなって木々が伐採されたからで、ヴァイキング時代にはここも緑豊かな森に溢れていた。

　だが何より、デンマークには大地と太陽の恵みがある。それがひと目みてわかるというのが、何ともスカンディナヴィアらしくないような気がするのである。デンマーク人がノルウェー人やスウェーデン人にくらべて陽気といわれるのは、この自然の恩恵のせいなのだろうか。

けだし、スカンディナヴィアにとって太陽というのは死活問題だ。次にこの点についてお話しよう。

4　光と闇

スカンディナヴィア観光の売り文句のひとつに、「白夜」がある。これは太陽が地平線のはるか下まで行かないので陽の光が残り、日没後も白々と明るい状態がつづき、それからまた太陽が昇ってきてしまう夜のことだ。つまり白夜は陽が沈むのである。たいていの日本人が期待する白夜は「真夜中の太陽」で、これは要するに一日中太陽が沈まないことを指す。

この「真夜中の太陽」は、ノルウェーのはるか北まで行かないとみることはない。太陽が地平線上にある時間はスウェーデンの場合最北部でも夏至の日平均16.6時間で、中部にあるストックホルムの15.5時間とさほど変わらない。この最北部は、典型的な白夜の地域である。

ところが白夜の地域以北では、冬になると今度は「極夜」になる。つまり何日も太陽が昇らない。今述べたスウェーデン最北部では冬至の日に太陽が昇っている時間はゼロ、ストックホルムでも6時間弱になる。そしてこの極夜の方が、白夜よりずっと生活に影響を与えているのである。明かりや熱にこと欠かない現代でも目覚めは悪く、寒さも手伝って外出もむずかしくなり、重苦しい倦怠感をもつようになる。そのため気分も鬱になる。実際スカンディナヴィア北部では、冬には健康に支障をきたす人が多いそうだ。電気もガスも石油もなかったヴァイキング時代、この冬を越すのはさぞ辛かった

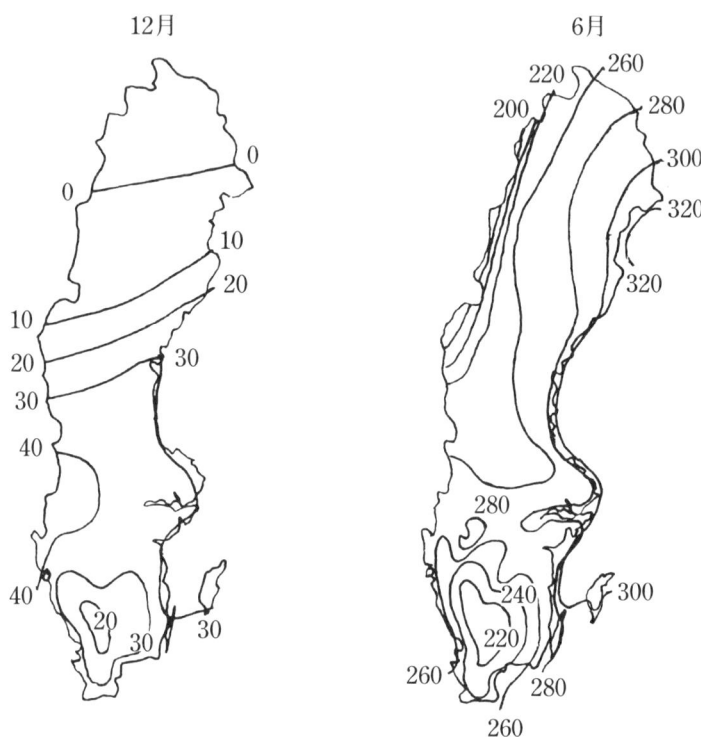

図4　スウェーデンの日照時間（時間／月）

ことだろう。

　そのうえスカンディナヴィアの夏は短い。ところによっては8月になると、6月より1日平均で3時間以上も日照時間が減ってしまう。そして翌年の4月になっても、まだこの8月のレベルまで復活しないのである。夏が終わるとあっという間に冬がきて、ずいぶん経ったころまた突然夏になるのだ。デンマークの民俗学者キアステン・ハストロプの言葉を借りれば、「北欧（引用註：日本でいう北

欧は、スカンディナヴィア三国にフィンランドとアイスランドを足した五国)とは夏と冬である。その間に春と秋が割り込んでいるが、それはまさに割り込み以外の何物でもない。北欧的な時間は、何よりも光と闇のときなのである」(ハストロプ編 1996)。

もっとも、デンマークやスウェーデン南部の状況はそれほど極端ではない。緯度が低いため気候も温暖で、夏と冬の気温差もそれほど大きくない。バルト海の島々もそうだ。しかしバルト海は冬になると凍ってしまい、すべて解氷するのは5月20日を過ぎてからになる。

一方ノルウェー海は、前にいったようにメキシコ湾流のおかげで氷結しない。そしてこの暖流のせいで暖かく、湿気もある。この湿気はすぐ背後にあるスカンディナヴィア山脈にぶつかって雨になるので、ノルウェーではよく雨が降る。

こうしてノルウェーで湿気が使い果たされてしまうため、その向こうのスウェーデンはとても乾燥している。ここはむしろ大陸からの影響の方が強く、冬はかなり気温が下がるが、夏は相当暑くなる。ストックホルムでは毎年夏日が何日も記録されるほどだ。それでも水温は15℃を越えることがないので、ここで水浴を楽しむ人はかなりの変わり者である。

このようにみてみると、スカンディナヴィアの冬は極限状況に近い。そのうえ土地も不毛なのだから、ヴァイキング時代には日々の生活自体が死と隣り合わせだったかも知れない。研究者たちでさえ、ヴァイキング活動の理由を「南への憧憬」と明言してしまうのももっともだ。現代人が休暇といっては南欧や南アジアを目指すように、「明るく暖かい南へ行きたい」と願って漕ぎ出したヴァイキングも

いたに違いない。

　だが、スカンディナヴィア人たちは故郷を嫌悪していない。むしろ、ここの美しく寂しい冬をこそ愛しているという人もたくさんいるのである。当時も南に焦がれたヴァイキングがいた反面、遠征先でふるさとの白い冬を想って涙した男たちも多かっただろう。

　それではスカンディナヴィア人は、どうしてヴァイキングになったのだろうか。まず次の章で、ローマ帝国崩壊からヴァイキング時代開始までのスカンディナヴィアを概観してみよう。

第2章　夜明け前

1　ゲルマン民族の大移動

　今から2000年前、ヨーロッパの「光」はローマにだけ降りそそいでいた。その北にはゲルマン人「蛮族」がいて、彼らは時にローマを蹂躙し、時にローマ軍に討伐されていた。

　ゲルマン系民族でローマ軍を最初に打破したキンブリ人・テウトニ人（どちらもデンマークの民族）は、他ならぬスカンディナヴィア人だったといわれる。紀元前133年のことである。またのちのローマ崩壊にもっとも深く関与することとなるゴート人も、ちょうどこのころスウェーデンからバルト海の対岸に移出したという説の支持が多い。

　西暦376年、そのゴート人の一派である西ゴート人は、フン人（モンゴル系民族）の西進に押し出されるようにしてドナウ川を渡り、ローマ領内に入った。彼らはやがてローマの対応に不満を抱いて暴徒化し、コンスタンティノープル（現在トルコのイスタンブール）を包囲するほどの大暴動を引き起こす。ローマ軍はこれを鎮圧できず、結局アラブ人の援軍に頼るはめになった。

　この事件が、有名な「ゲルマン民族の大移動」の発端である。そ

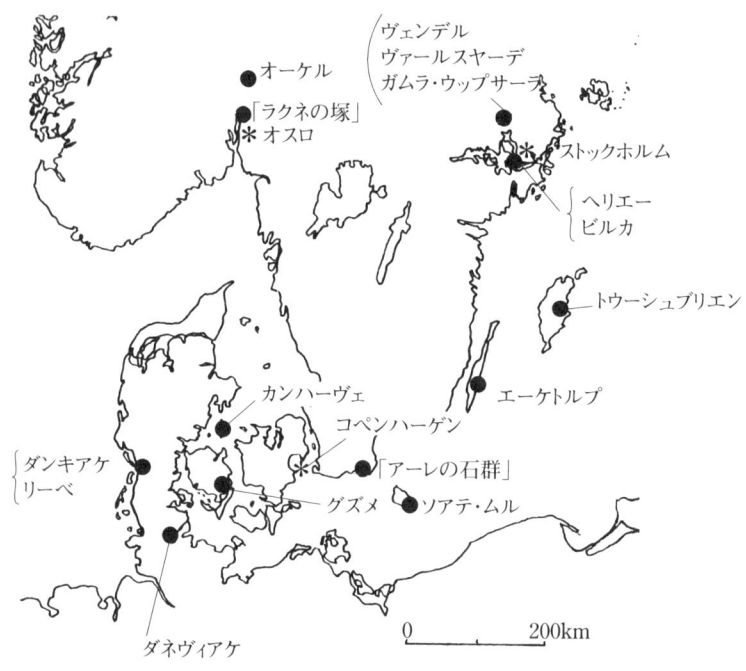

図5　第2章に登場する主な遺跡（＊は現在の首都）

の後まもなくローマ帝国は東西に分裂し、410年8月24日、ついに栄光の都市ローマが陥落した。この日ローマに侵入したのも、やはり西ゴート軍だった。

　ローマ帝国の静かな終わりは、新生ヨーロッパに向かう混沌の時代の幕開けでもあった。こののち数多くのゲルマン系民族が西や南に移動し、国家を建てては消えていく。このゲルマン民族の大移動が始まる5世紀から、その怒涛がいちおう落ち着く6世紀半ばまでをノルウェーとスウェーデンでは「民族移動期」、デンマークでは「前期ゲルマン鉄器時代」とよんでいる。この本では前者の呼称で

第2章　夜明け前　19

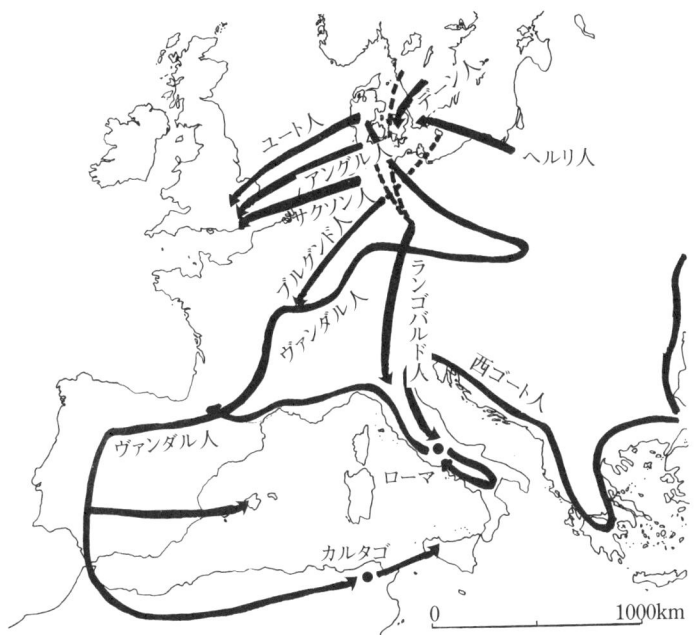

図6　スカンディナヴィアにかかわるゲルマン民族の大移動の主な動き

統一しよう。

　スカンディナヴィアの住民は、ゲルマン民族の大移動にも深くかかわっている。アングル人、サクソン人、ユート人はユラン半島からブリテン島へ渡り、先住のブリトン人（ケルト系民族）を駆逐してこの島の南半分を支配した。同じユラン半島のヴァンダル人は北アフリカに、ユラン半島あるいはスウェーデン・ヴェーネルン湖畔のランゴバルド人はイタリア半島に、ボーンホルム島のブルグンド人は中欧にそれぞれ国家を樹立した。デーン人はスウェーデン南部から南下してデンマークの主要民族となり、バルト海の対岸からは

ゴート人と関係が深いヘルリ人がデンマーク、もしくはスウェーデンに入植してきた。これだけ見ても、まさにスカンディナヴィア民族大移動である。

もっともこれらの民族移動は文献にあるだけで、ブリテン島への移住者たちを除くとあまり考古学的証拠をともなわない。民族移動期になるとそれまで人口が多かったシェラン島やスウェーデン南部で集落の数が減る点は注目されてきたが、近年ではこの現象もローマ世界崩壊による不景気の拡大、気候条件の悪化、ペストの流行、農場替えなど、人口移出以外によりどころを求める傾向が強い。

なかでも最近とりわけ話題にされているのが、ヨーロッパ大陸で進行していた都市の新旧交代による影響である。ローマ世界が崩れると、ヨーロッパ各地のローマ植民都市も衰退していった。都市数は5世紀以降減りつづけ、600年ころ底をうつ。この間何とか生き延びた都市の多くも、6世紀末ころ規模が最小化する (Hill 1988)。

ローマ植民都市は、ローマという共通の親をもっていた。ところがその親がなくなるとそれぞれが異なる支配者のもとに下り、たがいに独立しなければならなくなった。要するに「汎ヨーロッパ的」後ろ盾とネットワークの恩恵で育った都市が、このとき突然「地つき」になることを余儀なくされたのである。その上地中海への回教徒侵入がしだいに頻繁になり、今までの都市経済にとってもっとも重要だった地中海商業ルートが怪しくなってきた。しかもこの状況下にあって、新しい支配者となったゲルマン系民族は都市の概念をもたず、既存の都市機能をうまく使いこなすことができなかった。こうして基礎体力のない都市は、しだいに衰退していくことになる。

7世紀以降、ヨーロッパ大陸やブリテン島の都市数はふたたび増

加傾向に転じる。しかしこのときの都市はもはやローマの枝葉ではなく、地元に根付いた新芽だった。

　このヨーロッパ大陸の都市盛衰が、スカンディナヴィアまで波及したとみる人は少なくない。ここでも民族移動期に最盛を迎えた多くの大規模集落が、6世紀末ころ縮小化または放棄されるからである。ローマ世界の直接的な影響をほとんど受けたことがなかったスカンディナヴィアが、皮肉にもその崩壊の流れには強く押し流されたのだ。その理由を次項で述べよう。

2　金の時代

　ローマ帝国の弱体化にともなって、その懐に蓄えられていた大量の金がスカンディナヴィアという最果ての地まで流出しはじめた。とくにデンマークやスカンディナヴィア半島南部は、この恩恵にあずかって短い'バブル経済期'を謳歌することになる。このため「銀の時代」とよばれるヴァイキング時代に呼応して、民族移動期は「金の時代」とあだ名されている。

　もっともこのとき入ってきた金のほとんどは、ヴァイキング活動と同じような掠奪や脅迫によってもちこまれたものといわれる。スカンディナヴィアでは民族移動期の金製品やローマ金貨（ソリドゥス貨）が大量に発見されているが、この地に金は産出せず、またこの時期これだけの金輸入に見合う質あるいは量の物品を輸出したわけでも、それほど交易が活発化したわけでもないらしいからだ。

　スカンディナヴィアに運び込まれた金貨は溶解され、首輪や腕輪などの装飾品につくりかえられた。このころ装飾加工の需要が高ま

図7　民族移動期の金製首輪（スウェーデン西イェートランド地方オッレベリ、同メーネ、エーランド島フェリスターデン出土）

るにつれて文様も一気に多様化するが、なかでも動物をデザイン化した「スカンディナヴィア様式」とよばれるスタイルは、こののちヴァイキング世界で執拗に愛好されることになる（第6章2参照）。

　このような金製品は、ソリドゥス貨とともに1カ所でまとまって発見されることが多い。たとえばスウェーデンのセーデルマンランド地方で18世紀に発見された「トゥーレホルムの宝」は、金だけで総計12kgにも及んだという。金はおそらく権力者の手元に集中したか、祭祀のときに埋められることが多かったのだろう。

　スカンディナヴィア金製品には、特徴的なものが2つある。ひとつは片面だけびっしりと文様が打刻された円盤型のペンダントで、ふつうは真ん中に動物文様があり、そこを中心として何重もの同心

円が縁までくり返されるものだ。これは「ブラクテアート」とよばれ、民族移動期以降になると金のほかに銀や青銅でもつくられた。

もうひとつは人像を打刻した1cm四方程度の薄い金箔で、一括遺物としてはすべて民族移動期とそれ以降の祭政中心地遺跡で発見されている。そのため、これは奉納供物だったと考えられる。

これらの金製品は、世界有数の金コレクションを誇るスウェーデン国立歴史博物館、デンマークのモースゴー博物館などに保管されている。しかしここまでたどりついた金は運がいいのであって、民族移動期から現在までの間に数知れぬ金製品が溶解され、つくりかえられてしまったに違いない。たとえば17世紀にユラン半島のガレフースで発見された2本の金製角は、みごとな装飾をもつ5世紀のものだった。しかしこれらは19世紀に博物館から盗まれ、つくりかえられてしまったのである（角田 1971）。

図8　金箔小像（スウェーデン・ヘリエー遺跡建築物遺構Ⅰ出土）

3　力の錯綜

さて、デンマークやスカンディナヴィア半島南部が短く華やかな金の時代を謳歌していたころ、ノルウェーとスウェーデンは地方権力台頭の時期を迎えていた。その象徴が大型「墳丘墓」と「石塁」

である。

　スカンディナヴィア半島にある石塁の多くはただ石を積み上げ、その隙間を土で埋めた石垣のような単純なつくりで、高さも１ｍ程度しかなかったようだ。形もゆるく曲線を描くだけの、いわば単なる壁が大半を占める。つまり石塁には、避難所としての機能が最初から期待されていなかったのである。これらはむしろ、「ここからは私の土地だ」と領域を主張する目印のようなものだったとみられている。

　先史時代の石塁がもっとも多いのはスウェーデン中部で、ここには現存するだけで1000カ所以上ある。築造年代は青銅器時代からヴァイキング時代までさまざまだが、民族移動期とその前の時期にいちばん盛んにつくられた。これらの多くは修築や改築をくり返しながら、ヴァイキング時代にも使われている。

　数はそれほど多くはないが、特定の面積を丸く囲む石塁もある。この形で最大のものは、ゴットランド島のトゥーシュブリエン（Torsborgen）だ。これは民族移動期のすこし前に築造が始まり、それ以降ヴァイキング時代も頻繁に手を加えられた結果、現況で全長２ｋｍ、高さ６ｍから７ｍある。出入り口は４カ所あるいは５カ所だったようだが、大規模な集落を囲った形跡はないらしい。この石塁はもともと特定の集落を囲うためではなく、有事の際内部に集落が築けるようにつくられたものと考える人もある。ゴットランド島には、これと類似した石塁が他にもある。

　一方他の地域では、放射線状に並んだ住居群のまわりを石塁がぐるりと囲っている集落もある。この型はノルウェーのノールラン地方やローガラン地方、スウェーデンのエーランド島に多い。

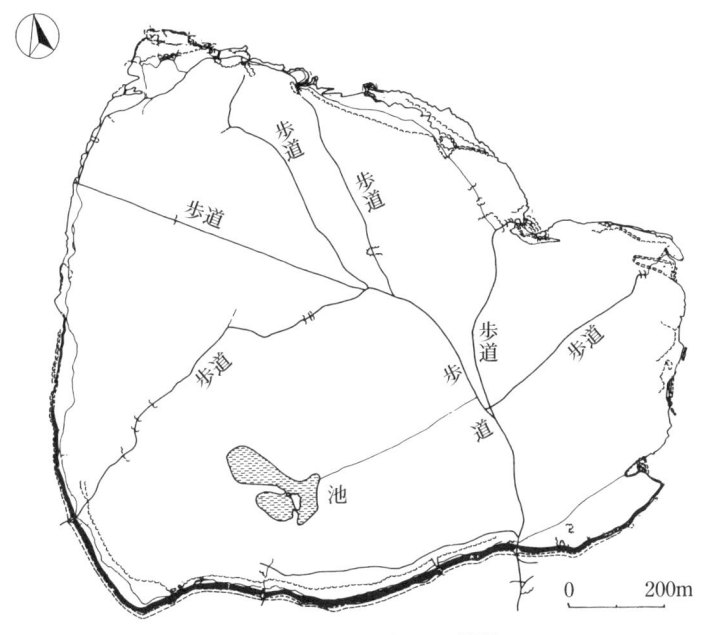

図9　トゥーシュブリエン遺跡

　エーランド島のエーケトルプ（Eketorp）は、めずらしく全面発掘調査が終わって復原公開されている遺跡だ。ここは4世紀の100年間、5世紀から700年ころまで、1000年ころという3つの時期に使われた。最盛期には石塁の直径が80m、内部に53戸の住居があり、石塁内部で家畜飼育や穀物栽培も行われていた。

　さて石塁とともにスカンディナヴィア半島の民族移動期を象徴するのは、墳丘墓の流行である。これは遺体を副葬品とともに火葬し、石で覆い、その上から土を被せた墓で、できあがりはピッチャーズマウンドのようになる。墳丘墓という外部形態はかつて青銅器時代に中欧で流行り、デンマークもその影響を強く受けた。しかしこれ

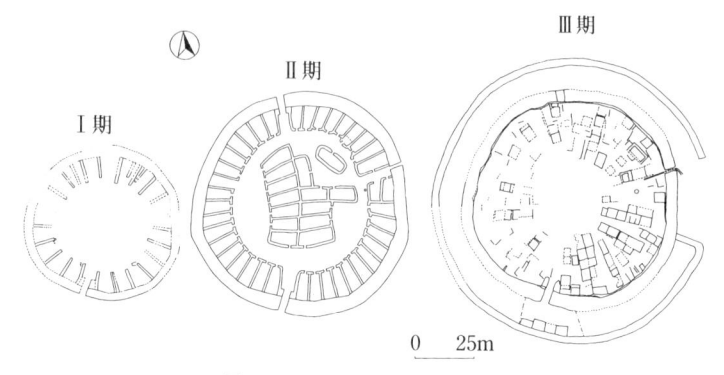

図10　エーケトルプ遺跡の変換

がいったん廃れ、それから2000年も経った民族移動期に、今度はおそらくライン川地方からの影響を受けて、スウェーデン中部やノルウェー中部以南で流行しだしたのである。

　直径20m以上の墳丘墓は、ふつう「大型墳丘墓」とよばれる。スカンディナヴィア最大の墳丘墓はノルウェーのローメリケにある「ラクネの塚」（Raknehaugen）で、直径77m、高さ15mあり、6世紀前半に築造された。大型墳丘墓の多くは民族移動期につくられたが、これらは一般にヴァイキング時代のものより大きく、高く、傾斜も急なのが特徴である。

　ところで大型墳丘墓には、よく伝説上の英雄や王の名前がついている。しかしこれは後世の地元民や教会関係者がお国自慢のために命名したもので、ほとんど科学的根拠はない。ノルウェーのホルにある「ハールヴダン黒王の塚」、スウェーデン中部にある「ビョルン王の塚」という2つの例がこれを立証している。ハールヴダン黒王もビョルン王も、ともにヴァイキング時代の人物だ。しかし発掘調査の結果、前者は民族移動期の船葬墓、後者はこの辺り唯一の青

銅器時代の墓であることがわかった。

　なぜ墳丘墓が民族移動期に流行しはじめたのかはっきりしないが、これには祭祀形態の変化がかかわっているようだ。以前は祭祀のとき、近くの沼や泉などに供物を捧げていた。しかしこのころになると権力者の家のなかで祭祀を執り行ったり、権力者が死ぬとその家の上に墓をつくって、その場所を聖地にしたりするようになる。要するに祭祀の場が、権力者を中心とした人為的なものにかわってきたのだ。権力者を葬った墳丘墓のてっぺんも、祭祀や集会の場になった。大型墳丘墓の頂部で集会を行う慣習は、ところによっては15世紀まで残っていた。

　ふつうの人を葬った小さい墳丘墓でも、これと似たようなことがなされていたようだ。青銅器時代以降のスカンディナヴィア人は、自分の家の敷地内にある先祖代々の墓域に葬られるのがふつうだった。そして民族移動期以降の人びとはこの墓、とくに墳丘墓の頂部で、後継者や土地・財産の相続確認儀式を行った。ヴァイキング時代末にキリスト教が導入され、異教墓である墳丘墓をつくることができなくなると、彼らは代わりに墓域に後継者を表記した石碑を立てるようになる（第6章3参照）。民族移動期に墳丘墓がはやりだしたということは、このころ土地や財産の所有権に対する意識が高まってきたことを意味するわけだ。

　ちなみにスウェーデン最古王朝のサガ『ユングリンガ・サガ』によれば、墳丘墓の築造も死者を副葬品とともに火葬することも、北欧異教（「アース神信仰」）の最高神オージン神が決めたことになっている。つまり、墳丘墓はアース神信仰の体現でもあったのである。

　民族移動期のスウェーデンでは石塁と大型墳丘墓が非常に多くつ

くられたものの、おおむね情勢は平穏だったといわれる。それはおそらく交錯する地方権力の上位に、歴然たる最大権力が存在していたからだろう（本章の7参照）。一方ノルウェーでは、各地の地方権力がこの後もそのまま淘汰と錯綜をつづける。そしてこれがのちのヴァイキング活動や、海外植民に大きく影響するようになるのである。

4　核の胎芽

　民族移動期は繁栄の時代だった。地力があったからこそ、小権力のしのぎ合いもできた。しかしまもなく華は散り、淘汰の時代がやってきた。権力者たちは、今までと同じことをしていてはこの弱肉強食のときを乗り越えることはできない。そのため彼らは外との関係を進んでつくり、そのネットワークを通して情報や物資を運び込もうとした。

　だが何かを獲得するためには、こちらからも何かを提供しなければならない。こうして繁栄後の景気後退は、手工業の活発化とその製品を取引する交易の機会を増やすことになった。そしてこれは、スカンディナヴィア人が能動的に外の世界へはたらきかけはじめたことも意味する。

　このころ、つまり6世紀半ばからヴァイキング時代が始まる8世紀末まではデンマークで「後期ゲルマン鉄器時代」、ノルウェーで「メロヴィング期」、スウェーデンで「ヴェンデル期」とよばれる。この本ではヴェンデル期という呼称で統一するが、この時期はまたヴァイキング時代に直結するため「先（プレ）ヴァイキング時代」

ともいわれる。

　さて600年ころ最低迷期を迎えたデンマークでは、7世紀になるとそれまでもっとも栄えていたシェラン島に代わってユラン半島が台頭してくる。シェラン島はバルト海、とくにスカンディナヴィア半島南部との位置関係はよかった。しかしユラン半島は大西洋ともバルト海とも連絡がとれる好条件にあり、またスカンディナヴィアで唯一ヨーロッパ大陸と直結する場所でもあった。ユラン半島の台頭は、デンマークの目がヨーロッパ大陸に向くようになったことを表しているのである。

　これをいちばんはっきり示す例が、ダンキアケ（Dankirke）とリーベ（Ribe）だ。ダンキアケは6世紀の大権力者あるいは国王の居住地で、8世紀に焼失した。しかしここにあった勢力がその直前、7kmほど離れた北海沿岸に季節的交易地リーベを建設したといわれる。

　8世紀初めのダンキアケとリーベは出土遺物がよく似ているが、遺跡の性格は違う。リーベはもともとふつうの農業集落だったが、705年ころ突然区画整理がなされ、季節的な交易地として使われるようになった。ここではライン川地方の水差し、フランク王国（次項参照）製ガラス器、ローマ世界の貨幣や装飾品、ノルウェー製の漁具などが多量に発見されているので、リーベ以北の特産品と、ワインや奢侈品などこれ以南の交易品が盛んに取り引きされたようだ。リーベは突然交易地に変貌したこと、銀貨（シャット貨）がつくられたことなどから、国王が発展計画に着手した交易地と考えられている。ここはヴァイキング時代も繁栄したので、あとでふたたびとりあげよう。

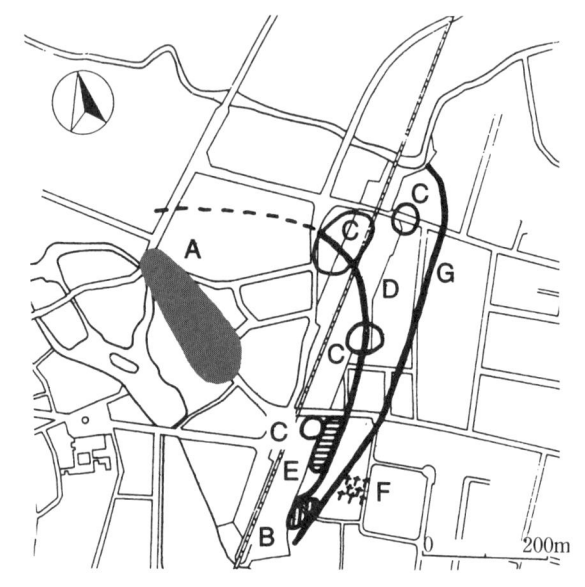

図11　現在のリーベと遺構の分布状況（Feveile 1994より）

A　交易・商業地：8—9世紀
B　定住地：8世紀
C　墓域：8世紀
D　壕：9世紀前半
E　土塁：9世紀
F　キリスト教墓地：10世紀
G　土塁：11世紀

　ノルウェーでは6世紀の大型墳丘墓群があるオスロフィヨルド西岸のボッレ（Borre）とともに、ハーマルにあるオーケル（Åker）がこの時期の気になる遺跡だ。ここはまだ大部分が未調査だが、6世紀ころの大型住居址があり、多数の金製品がみつかっている。また遺跡内の墳墓からも、武具や豪華な衣服などが出土している。

　スウェーデン中部では、ヘリエー（Helgö）が最盛期を迎えた。ここからはケルト文様をもつ青銅製司教牧杖、エジプトのコプト様式を呈する青銅製の勺、北インドでつくられた青銅製小仏像、ロー

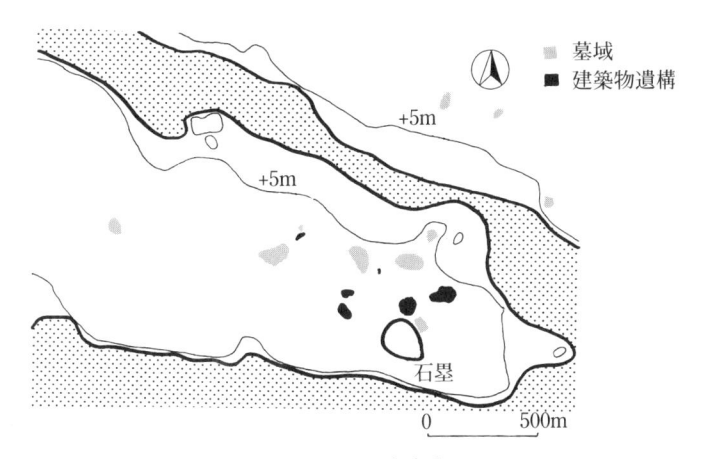

図12 ヘリエー島遺跡

マ金貨や金箔小像（本章の2参照）を始めとする金製品など、非常に国際性に富む遺物が出土している。さらにヘリエーで発見された青銅製品用鋳型の数は、ヨーロッパ最大級だ。このため調査開始当初は、ヘリエーはヴェンデル期の商業地だったと信じられた。

　しかしこの場所が使われた600年から700年もの長い間、ヘリエーはつねに一般的な農場の規模でしかなかったことがやがて判明した。その上ヘリエーには交易地としての性格がみられず、手工業の特性ばかりが目立つ。ここでは区画整理がなされず、多数の小住居が軒を並べることもなかった。さらに祭政中心地に特徴的な金箔小像が多くみつかったこと、遺物が多様で豪華な割に量的には乏しいことを考えると、この遺跡は商業地ではなく祭政中心地だったようだ。

　ヘリエーは長い間ガムラ・ウップサーラ（本章の7参照）と併行して存在した、同じ祭政中心地としての機能をもつ場所だったのか

も知れない。どちらもヴァイキング時代初頭にほとんど放棄されるが、これはヴァイキング時代スウェーデン唯一の町ビルカ（Birka）誕生と関係があると思われる（第3章6参照）。

　もっともヘリエーが商業地だったと解釈する説は、ヘリエーをビルカの先行地とみている。そしてヘリエーを政治的にサポートしたのは、ここから南東3kmにあるノーシュボリ（Norsborg）の地元勢力だとするのである（Ambrosiani 1985）。しかしヘリエーの寿命にくらべてノーシュボリには祭政中心地としての時間的継続性がなく、ここはむしろ短期的な小権力拠点だった可能性の方が高い。ヘリエー、ビルカ、そしてその後のスウェーデン中部の動向は複雑だが非常におもしろいので、第3章、第5章でも話をつづけよう。

　ダンキアケやヘリエーは、民族移動期から維持されてヴァイキング時代初めに衰退した。しかしかつて最大級だった祭政中心地で、6世紀末から7世紀初めの景気低迷期に没落してしまったところもある。ボーンホルム島のソアテ・ムル（Sorte Muld）、フューン島のグズメ（Gudme）などがそうだ。これらの場所は富の受動的享受から能動的獲得への転換がうまくいかず、権力淘汰の時代を生き残れなかったのかも知れない。また民族移出による消滅という可能性も、無視する理由はない。

5　国家意識の目覚め

　さて、ローマ世界の崩壊と民族移動という激動の時代が終わってみると、ヨーロッパ大陸の地図はまったく違うものになっていた。西ローマ帝国滅亡後、北西ヨーロッパの核をなしたのはフランク王

国である。この国は周辺地域を併合して領土を拡張することに意欲的で、フリースラント地方（現在のオランダ一帯）、アレマン人居住地域（現在のドイツ南西部）など、デンマークにほど近いところを次々と傘下に入れていく。このため当時は「フランク人が友人なら、隣人ではない」とまでささやかれたほどだった(Nelson 1997)。

フランク王国は8世紀前半に南で回教徒を撃退すると、すぐさま北の次なる標的、すなわちアレマン人地域の北隣にあるザクセン地方に目を向けはじめた。このザクセン地方が落ちると、この大国はいよいよユラン半島に迫ることになる。しかもデンマーク国境周辺の間隙には、かならずしも味方ではないスラヴ系民族が東から入りこんできた。

これら一連の動きに危機感を募らせたデンマークは737年前後、北に伸びるユラン半島の付け根を東西に横切るダネヴィアケ（Dannevirke、ドイツ名ダンネヴェルク Dannewerk。現在はドイツに属する）建設に着手した。この堡塁は木材で補強された土塁と壕でできており、何回も改築を重ねた結果現況で7kmにも達している。その耐久性は折り紙つきで、第二次世界大戦でも使われたほどだ。

ダネヴィアケはデンマークの国境線であり、この国のフランク王国に対する不服従の意志を体現したものだった。また同時に、スカンディナヴィアの南端を明示する民族領域境界でもあった。ヴェンデル期のデンマークは、その地理的条件ゆえにスカンディナヴィアで初めて国防というものを意識し、実行するにいたったのである。

まもなく、デンマークが懐いた危機感は現実のものとなった。フランク王国は度重なる戦闘の末、ついに9世紀初頭ザクセン地方を併合する。これ以降の話は次章に譲るが、この間逃亡して巻き返し

図13 ダネヴィアケ周辺図

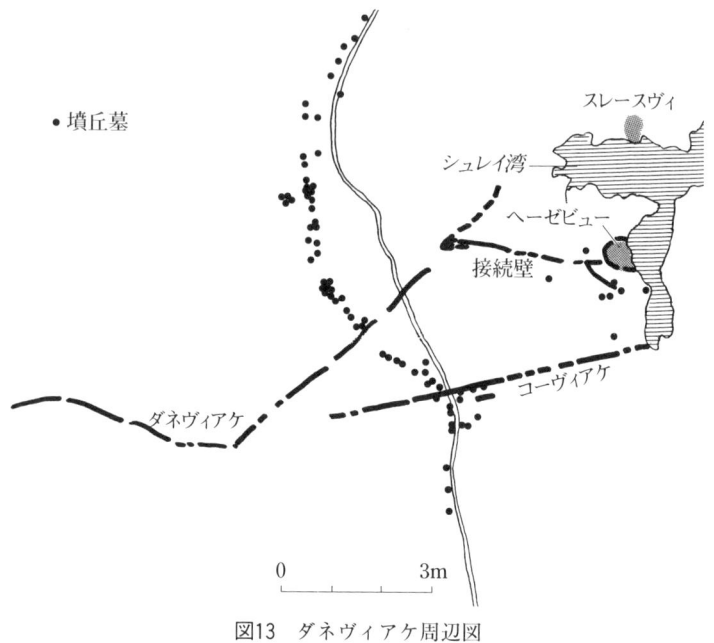

を図るザクセン人主導者を、デンマークは堂々と受け入れていた。

　ダネヴィアケ着工よりすこし前、デンマークではもうひとつ大がかりな土木建設があった。726年ころのサムセー島カンハーヴェ運河（Kanhave）建設である。長さ1km、幅11mのこの運河は島を東西に横切る形で、船底の浅い船が通過できるようになっていた。サムセー島は視界もいいため、おそらく東からユラン半島にやってくる船を掌握し、保護する目的でつくられたのだろう（Sawyer 1997）。サムセー島のすぐ東にはシェラン島が、その先には当時デンマークの影響下にあったスウェーデン南部がある。

　カンハーヴェ運河とダネヴィアケ土塁は建設年代が近いため、こ

れらの事業は同一王によるものだったとみる向きが強い。しかし前者はシェラン島に、後者はユラン半島の付け根にあり、直線距離でも150kmを越える。もし同一王がこれらを建設したとすれば、この王はすでにかなりの面積を掌握していたことになる。

　これについてはさらにおもしろい話がある。8世紀初め、当時ユトレヒト（オランダに現存）の司教だった聖ウィリブロルドがデンマーク伝道を試み、当時のデンマーク王アンガンチュールの説得に失敗している。ユトレヒトはリーベと同じ北海沿岸でたがいにそれほど遠くなく、リーベもダンキアケもウィリブロルド来訪のころ存在していた。このためダンキアケに住み、リーベやカンハーヴェ、そしてダネヴィアケを建設したのはこのアンガンチュール王だったという可能性を指摘する声もある（Jensen 1991）。

　これらの遺跡を誰がつくったかはともかく、このころフランク王国の北海沿岸には、ドーレスタット（オランダの北海沿岸）やドムブルク（同）など、すでにある程度の規模をもった商業地があった（Clarke and Ambrosiani 1991）。デンマークは国防政策と同時にリーベ建設によってこれらの地域とスカンディナヴィアを結び、各方面の富を集めようとする経済的な見通しも立てていたのである。

6　黄泉への船

　ヴェンデル期は新しい祭政中心地が生まれ、新しい経済基盤が築かれ、海外との情報や交流も増加した「高度成長のはじまり」だった。

　しかしこの時期は、考古学者の間で最近まであまり陽の目をみな

かった。これは集落遺跡の調査数が少なかったため、この時期の社会変化がはっきりと目につかなかったせいもある。しかし何よりも研究者の目が、「船葬墓」というヴェンデル期の華々しいシンボルに惑わされていた点が指摘され得るだろう。

　船葬墓は船を棺おけ代わりに使い、時にはその上から石を積み、最後に全体に土を被せる墓で、見た目は墳丘墓と同じになる。被葬者は男女ともあり、遺体の処理方法も火葬も土葬もあるが、たいてい副葬品や殉死動物（ときには人）が豊かで、かなり社会的地位が高い人物のための墓だったらしい。もっとも船は、いつの時代でも入手が簡単なものではない。それなのにまだ使える船を1人の死者とともに埋めてしまおうというのだから、一般庶民にはなかなかできなかったはずだ。

　船葬墓はスカンディナヴィアでは紀元後まもなくからあった形態で、民族移動にともなってブリテン島にももち出された。一方そのころ、スウェーデン南部やデンマークではまったくみられなくなってしまう。ヴァイキング時代初期には船葬が一種のブームになり、とくにノルウェーで急増するほか、分布もフィンランドまで広がっていく。この埋葬法はイングランドが7世紀に、スカンディナヴィアが11世紀にキリスト教化されるまでつづいた。ヴァイキング時代の船葬墓はあとで紹介するとして（第6章5参照）、ここではヴェンデル期でとくに有名な3例をあげておこう。

　スウェーデン中部ウップランド地方のヴェンデル（Vendel）船葬墓群は、ヴェンデル期の'名付け親'である。この遺跡内で12基も連なっていた船葬墓の被葬者はすべて男性で、しかも全員土葬というめずらしいものだった。ヴェンデルにはだいたい100年で2人か

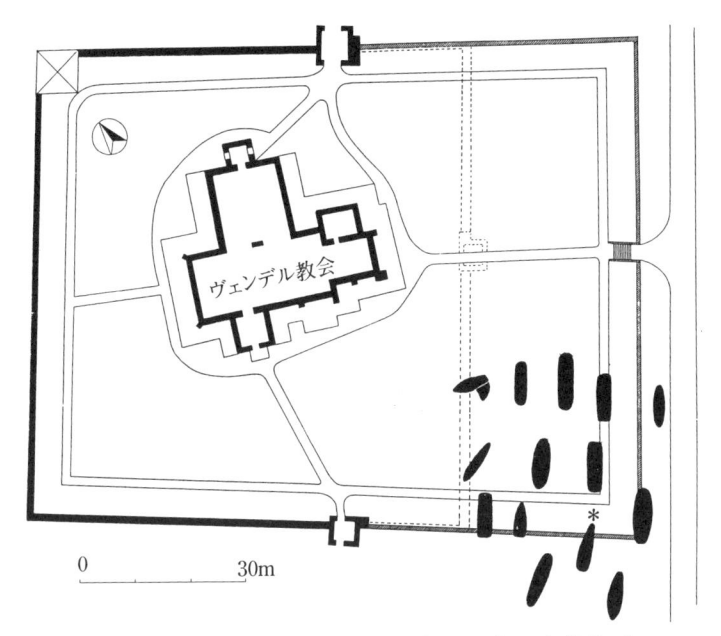

図14　ヴェンデル遺跡船葬墓群の分布状況（＊は船葬墓Ⅰ）

ら3人が埋葬されたため、彼らは代々の家長だったと考えられる。

　ここから27km南にあるヴァールスヤーデ（Valsgärde）にも、7世紀とヴァイキング時代につくられた15基の船葬墓があった。ここでも全員が土葬されている点はおもしろい。この辺りではヴェンデルとヴァールスヤーデの船葬墓を除くと、90％以上の墓が火葬墓なのである。しかしヴァールスヤーデは埋葬後すぐに盗掘にあっており、保存状態も悪く残存遺物もきわめて少なかった。

　これら2カ所の船葬墓からは豪華な文様を施された兜、盾、剣などの武具、馬具、角製杯、ガラス器などめずらしい副葬品が出土して注目を集めた。私たちがよく目にする「ヴァイキングの兜」なる

図15 「ヴェンデルの兜」(ヴェンデル船葬墓Ⅰ出土)

ものは、じつは「ヴェンデルの兜」のどれかであることがほとんどだ。ちなみにここの武具はローマ世界の影響が強いこと、副葬品の配置はフランク王国の貴族墓と関係の深そうなことなどが指摘されている。

　ヴェンデル船葬墓の被葬者はかつて、スウェーデン最古の王朝(ユングリング朝)に代わる新興王朝の墓域と考えられた。しかし近年これらはこの時期誕生した騎士階級の墓だとする説、北部山岳地帯からの鉄鉱石や毛皮などの輸送を取り仕切った権力者の墓だとする説などが出てきている。また最近の調査で、ヴェンデルやヴァールスヤーデのすぐ南にあるガムラ・ウップサーラ(伝ユングリング朝所在地、次項参照)がヴェンデル期もつづいていたことがわかったため、ヴェンデル新興王朝説はいっそう真実味がなくなってきたよ

郵便はがき

料金受取人払

麹町局承認

2188

差出有効期間
平成13年6月
30日まで

102-8790

東京都千代田区飯田橋4-4-8
東京中央ビル406

株式会社 同 成 社

読者カード係 行

ご購読ありがとうございました。このハガキを小社へのご意見・ご注文にご利用下さい。また、ご投函下さった方には今後の出版のご案内をさせていただきます。

| ふりがな お名前 | | 歳 | 男・女 |

〒　　　　　　　　　　TEL

住所

ご職業

お読みになっている新聞名・雑誌名

〔新聞名〕　　　　　　〔雑誌名〕

お買上げ書店名

〔市町村〕　　　　　　〔書店名〕

愛読者カード

お買上の
タイトル

本書の出版を何でお知りになりましたか?
- イ. 書店で　　　　　　ロ. 新聞・雑誌の広告で(誌名
- ハ. 人に勧められて　　ニ. 書評・紹介記事をみて(誌名
- ホ. その他 (

この本についてのご感想・ご意見をお書き下さい。

....

....

....

....

注 文 書　　年　　月　　日

書　名	本体価格	冊　数

配本の方法を下記から選んで下さい。

- A. **ヤマトブックサービス**（お支払いはお届けのさい現品と引換、送料は冊数に関係なく一律380円です。）
- B. **郵　便**（郵便振替用紙を先にお送りいたしますので、入金が確認できしだい本を発送いたします。送料は本代3000円までが400円、10000円までが500円、10000円以上が600円です。）

同成社

◎

考古学関係書

〒102-0072 東京都千代田区飯田橋4-4-8　東京中央ビル
Tel 03-3239-1467　Fax 03-3239-1466　振替 00140-0-20618
（表示価格は本体価格）

世界の考古学⑤ 西アジアの考古学
大津忠彦・常木晃・西秋良宏著
四六判・二五六頁・二五〇〇円　図書館協会選定図書

人類の出アフリカの最初の通過点となった西アジア。その多様な自然環境、人々の中から生まれた世界最古の食料生産社会、都市の形成から大領域国家に至るまで、周辺地域も含めて概説する。

世界の考古学⑥ 中央ユーラシアの考古学
藤川繁彦編
四六判・三七六頁・三三〇〇円　図書館協会選定図書

草原の遊牧民は自らの記録を残すことが少なく、略奪に脅かされた周囲の農耕社会においては野蛮な民族として史書に残ることが多かった。研究が進む騎馬遊牧民の社会を多方面からとらえ直す。

世界の考古学⑦ 中国の考古学
小澤正人・谷豊信・西江清高著
四六判・三五八頁・三三〇〇円　図書館協会選定図書

中原の文明が周辺地域に及んだという理解は、近年の研究の進展により改められつつある。各地で形成された異なる系統の文化が係わりながら発展したとする中国考古学の最新の成果を提示する。

世界の考古学⑧ 東南アジアの考古学
坂井隆・西村正雄・新田栄治著
四六判・三四〇頁・三三〇〇円　図書館協会選定図書

ヨーロッパ人による植民地への好奇心から始まった東南アジア考古学は、探険家らの大遺跡発見の時代を経て、第二次大戦後は各地域の文化の多様性の再構成とその統合へと、新たな時代に向かう。

世界の考古学⑨ 東北アジアの考古学
大貫静夫著
四六判・二八八頁・二七〇〇円

黄河・長江流域に代表される農耕民の世界と、シベリアの非定着的な食料採集民の世界とに挟まれた第三の世界、いわゆる「極東」の定着的な食料採集民の成立、およびその後の変遷を描き出す。

世界の考古学⑩ 朝鮮半島の考古学
早乙女雅博著
四六判・二五六頁・二五〇〇円（予価）

【目次】1章　旧石器時代／2章　櫛目文土器時代／3章　無文土器時代／4章　原三国時代と楽浪郡／5章　高句麗／6章　百済／7章　伽耶／8章　新羅

図16　アーレの石群

うだ。

　一方イギリスのサフォーク州にあったサットン・フー（Sutton Hoo）の船葬墓は、その大きさでも副葬品の量質でも比類ない。この被葬者はイースト・アングリア王レッドワルド（在位599－624/5）ということで、ほぼ合意を得ている。この船は長さ27m、最大幅4.5m、深さは中央部で1.5mもあった。武具の多くはヴェンデルやヴァールスヤーデのものと非常に関係が深く、スウェーデン中部でつくられたと考えられている。しかし当時のイースト・アングリアとスウェーデン中部との接点が、他にはあまり見当たらない点が気になる。

　ところで船に埋葬するという発想は、スカンディナヴィアには新石器時代からあった。青銅器時代のボーンホルム島やゴットランド島では、上からみると船の輪郭になるように大きな石を立て並べた「船型配石墓」が流行った（第6章5、口絵参照）。これはやがて北部を除くスカンディナヴィア全土に広がり、ヴァイキング時代末ま

でつづく。

　船型配石墓はおもに火葬だが、まったく埋葬の痕跡がないものも多い。このためこの墓は祭祀に使われたとみる説もある。スウェーデン南部のスコーネ地方にある「アーレの石群」(Ales stenar) は、その典型的な例だ。これは長さ67m、最大幅19mもあり、ヴェンデル期かヴァイキング時代につくられたようだが、その規模と場所からただの墓ではなく、祭祀場所だったとみる人がほとんどである。何しろ「アーレの石群」は広々とした高い丘の端にあり、そのすぐ向こうにはバルト海に落ちる断崖絶壁がある。ここに立つと、まるで自分が海の上を飛んでいるような錯覚を感じるほどだ。これほど船の墓にふさわしい場所もめずらしい。この船型配石墓の向きが冬至の日の出と夏至の日の入りの方角に一致するため、天文にかかわる機能があったという説も最近出てきている。

7　伝説の主人公

　それではこの章の最後に、先ヴァイキング時代の祭政中心地としてはおそらくもっとも有名なガムラ・ウップサーラ (Gamla Uppsala、「旧ウップサーラ」の意) を紹介しよう。これはスウェーデン第4の都市ウップサーラの北5kmにある複合遺跡で、前期鉄器時代から中世までのさまざまな遺構がある。この地ではじめて発掘調査が行われたのは早くも1670年で、同時にこの遺跡が何なのかという論争も始まった。ガムラ・ウップサーラに対する異常までの注目度は見た目の荘厳さのみならず、先史スウェーデンの祭祀地として多くの文献にたびたび登場するせいもある。

この遺跡には、大きくわけて3つの年代的特徴がある。民族移動期の「王墓群」、民族移動期からヴァイキング時代初めまでの「ホール状建築物」（第3章8参照）、そして伝「最後の異教神殿址」である。この異教神殿址については第6章7でお話しよう。

　ガムラ・ウップサーラには3000基を越える墳墓がある。そのなかにはそれぞれ3基からなる大型墳丘墓群が2つあるが、古い方の一群は一般にほとんど知られていない。このうちのひとつが5世紀につくられたことはわかっている。

　新しい方の一群は非常に有名で、こちらが「王墓群」とよばれているものだ。3つ並んだ大型墳丘墓は研究者の間ではそれぞれ東、中央、西墳丘墓とよぶが、ふつうは異教神の名をとってそれぞれ「オージンの塚」「フレイの塚」「ソールの塚」といわれている。また『ユングリンガ・サガ』が、ここにアウン、その息子エギル、エギルの孫アジルスという3人の王が葬られたと伝えていることから、これらの王の名をとって順に「エギルの塚」「アウンの塚」「アジルスの塚」ともあだ名されている。

　東墳丘墓は75m×55m、高さ9mで、おそらく6世紀前半につくられた。中心的な被葬者は少年で、殉死者とみられる中年女性が伴葬されていた。副葬品にはブラクテアート片などの金製品のほか、ヴェンデルの船葬墓出土のものとよく似た武具もある。中央墳丘墓は75m×50m、高さ7mで、もともと2つの墓が重なっていたらしい。中心的な墓の築造は500年ころとみられる。西墳丘墓は67m×51m、高さ10.5mあり、ここにはフランク王国製の着衣をまとった成人、おそらく男性が葬られていたようだ。国際色豊かな副葬品が多いこの墓は、6世紀末ころつくられた。

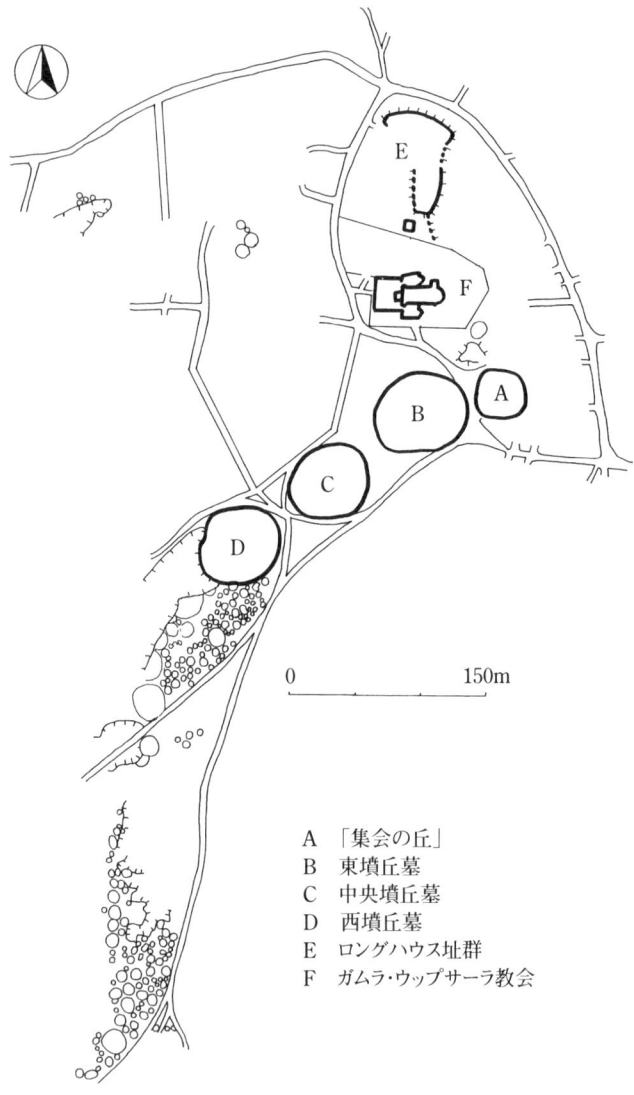

A 「集会の丘」
B 東墳丘墓
C 中央墳丘墓
D 西墳丘墓
E ロングハウス址群
F ガムラ・ウップサーラ教会

図17 ガムラ・ウップサーラ遺跡中心部（現況）

このように「王墓群」は中央、東、西の順で、おたがいが非常に近い年代に築造されたのである。つまり発掘調査結果は、奇しくも『ユングリンガ・サガ』を支持する形になったわけだ。しかしこれらの調査はいずれも19世紀で（中央墳丘墓は1925年に再調査されている）、当時の調査方法や記録は決して満足のいくものではない。そのため、いまだに諸説が飛び交っている。

　この墳丘墓群は、本来4基だったかも知れない。東墳丘墓の隣に直径50m、高さ5mで、頂部が平らな墳丘がある。今までこれは集会を行うためにつくられたただの土盛りだと考えられ、「集会の丘」とよばれてきた。しかし最近の試掘で土盛りの下に積石がみつかり、これも墳丘墓である可能性が強くなってきたのである。

　「王墓群」の知名度とは比較にならないものの、最近研究者の間でもっとも注目されているのが「ホール状建築物」だ。具体的な調査は始まったばかりだが、この遺構のある高台が人工的につくられたものであること、そしてそのてっぺんに遺構があることはかねてから知られていた。

　「ホール状建築物」は4世紀から5世紀末までの柱穴列、6世紀の大型住居址、そしてこれよりは小さい7世紀の住居址という3層からなっている。6世紀のものは長さ50m、幅12mで、基礎部分が三角形の付属建築物をともなっているほか、住居の入り口に向かって幅2mの道も伸びていた。7世紀の遺構はヴァイキング時代初頭に焼失し、これ以後「ホール状建築物」が再建されることはなかった。

　「ホール状建築物」の周辺には遺構が乗った人工の高台がもうひとつあることから、この一帯に少なくとも民族移動期とヴェンデル

期にかなり大規模な建築物複合体があったとみられている。そしてこの場所こそが、ユングリング朝所在地だったとみる向きも強い。

　では、どうしてガムラ・ウップサーラがユングリング朝の所在地だといわれるのだろうか。これにはだいたい3つ理由がある。まずウップサーラの名はいちばん古くは9世紀の石碑に登場するが、そのほか『ユングリンガ・サガ』だけでなく、ほかにもいくつか中世の文献にユングリング朝所在地として出てくる。次に中世のスウェーデン王領地は「ウップサーラ王領」といわれたが、当時国王はウップサーラには住んでいなかったため、この呼称は中世以前のスウェーデン王がウップサーラに座していたことの名残と解釈されてきた。最後に中世の国王はここからほど近い「ムーラの石」（最古の石は1457年以来所在不明、現在ある石は1448年から使われたもの）に乗って後継の承認を得たあと、ウップサーラを始点とする「エーリク通り」という道路を練り歩いた。国王がこのようにウップサーラと絡めて王位継承のお披露目をしたのは、この場所こそが中世以前の国王所在地だったからだと思われているのである。いずれにしても、中世国王にとってウップサーラが「王朝史に深く関係する何か」だったのは間違いない。

　もっとも、これらの文献に出てくるウップサーラはガムラ・ウップサーラではなく、現在のウップサーラ中心街（いわゆるエストラ・アーロス）だという説も昔からあった。しかしウップサーラ中心街は中世以降現在もつづく繁華街で、多くの遺跡がすでに破壊されているだけでなく、緊急発掘以外に調査の手だてがない。その上歴史的建造物で今も使用されているものが多く、建て替えがあまりないので緊急発掘自体が稀だ。したがってこの説を支持する考古資料

は、非常に少ないのである。

　ガムラ・ウップサーラとウップサーラに関しては、まだまだ多くの興味深い点がある。しかし残念ながら枚数の都合上この話はここまでにして、次の章からはいよいよ本題のヴァイキング時代に入ることにしよう。

第3章　掠奪の時代

1　削奪と創造

　リンディスファーン急襲に象徴される初期のヴァイキング時代は、文字通り掠奪の時代だった。掠奪者は痕跡をあまり残さないものだが、ヴァイキングの場合、被災地の年代記や聖人伝でその足跡をかなりよく知ることができる。そこでこの章の初めでは、まず植民が始まるまでの初期ヴァイキング活動をみてみよう。

　西に向かった、とくにノルウェー系のヴァイキングが攻撃を集中させたのはアイルランドだった。彼らは半世紀の間にアイルランドの西部と北東部、そして周辺の島々を次々襲撃すると、841年以降ダブリンを始めとする各地で「ロングフォート」とよばれる定住地を建設する。

　しかしやがてアイルランドの小王たちの反撃が激しくなり、また先着のノルウェー系と新参のデンマーク系ヴァイキングの間でも揉めごとが起きる。さらに9世紀後半にはアイスランドなどへの植民が活発化した一方、アイルランドでは搾取と掠奪をひと通り終えていた彼らにとってこの島はそれほど旨味のない標的になってしまったようだ。ヴァイキングはここでいったんこの地を引き上げ、10世

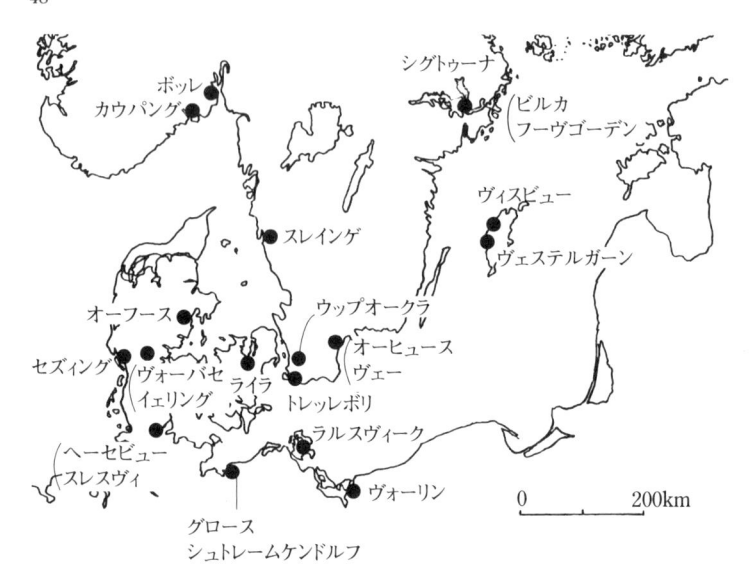

図18　第3章に登場する主なスカンディナヴィア周辺の遺跡

紀にふたたび戻ってくることになる。

　アイルランドでの初期ヴァイキング活動は、掠奪をおもな目的とした、ある意味ではもっともヴァイキング的なものだった。ところがその隣のイングランドに侵攻したデンマーク系ヴァイキングたちの動きは、これとはまったく違っている。イングランドで彼らが目指したものは掠奪よりも、むしろ征服と支配だった。

　9世紀前半は、イングランドもアイルランド同様掠奪の被害にあっていた。しかし866年「大軍勢」とよばれるデンマーク系ヴァイキングの一団がここに到来すると、事態は急変する。「大軍勢」はまたたく間にヨークを包囲し、そこに傀儡王を置くと、その後イースト・アングリア王国（現在のイギリス南東部）、マーシア王国（現

在のイギリス南部内陸部)を占領し、ウェセックス王国(現在のイギリス南部)でも圧倒的勝利をおさめる。

　だが、ウェセックス王アルフレッド大王(在位871-899)はここから起死回生の巻き返しを図り、ついにヴァイキングを打破して和平にこぎつけた。この後ヴァイキングはいったんフランク王国に渡り、885年に再襲するが、アルフレッドはまたも決定的な敗北を喫することなく和平にもっていく。この時アルフレッドがヴァイキングに与えたイングランド東部と北部の土地は「デーンロー」とよばれ、以後10世紀半ばまでスカンディナヴィア人の領土となる。

　一方フランク王国ではスカンディナヴィア人掠奪者の記録は574年までさかのぼるが、通常最初のヴァイキング襲撃と見なされるのは799年のノワールムティエ島(フランス)奇襲である。これ以降9世紀初頭の被害は、当分の間フリースラント地方にかぎられていた。

　しかしイングランドに「大軍勢」が押し寄せたころ、ヴァイキングの脅威は大西洋岸に移る。「大軍勢」はイギリス海峡を行き来して、イングランドとフランク王国を掠奪したのである。9世紀後半にはルーアン、カントヴィク、ナント、パリ、ボルドー(いずれも現在のフランス)などが次々掠奪、包囲、または占領され、ブルターニュ地方、ネウストリア地方(現在のフランス北部と北西部)、アキテーヌ地方(現在のフランス南西部)、セーヌ川流域で深刻な被害をこうむった。

　なかには、フランク王国よりさらに南下したヴァイキングもいた。ガリシア(現在のスペイン北西部)やアル・アンダルス(現在のスペイン南部)なども彼らに襲撃され、セビリアは一時占拠されたこ

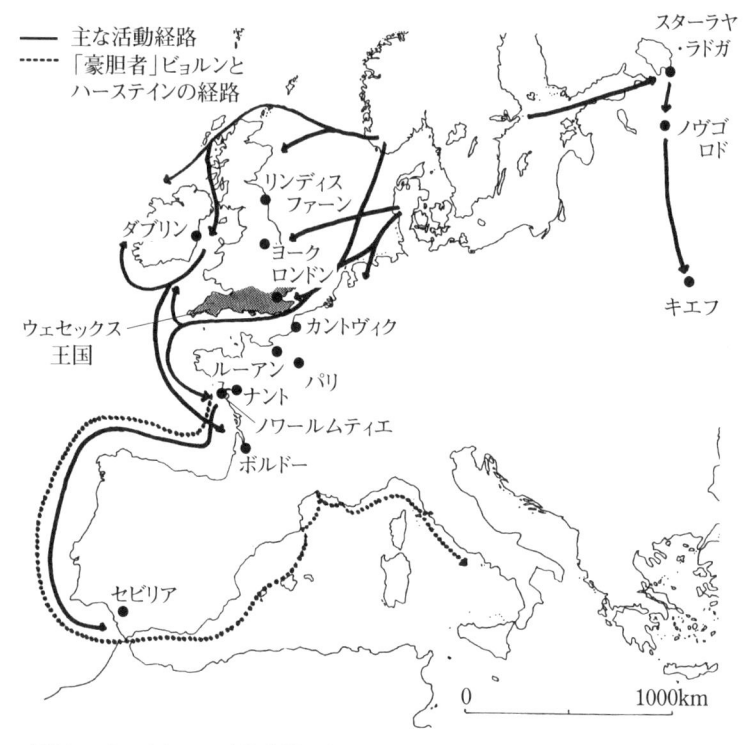

図19　ヴァイキング時代前期の主なヴァイキングの動き（●は第3章で言及する都市・集落）

ともある。

　さらに9世紀半ばにはビョルン「豪胆者」とハースティンの率いる一団が、ローマ掠奪を目指して3度の遠征を敢行している。最初の挑戦では北アフリカを含む地中海沿岸各地で襲撃を成功させたものの、肝心なところで別の町をローマと勘違いして襲い、そのまま戻ってきてしまった。そしてその後2回の遠征は、回教徒の強力な反撃によってジブラルタル海峡で足止めを食った。結局ビョルンと

ハーステインのローマ到達の夢は、情報と準備不足のために叶わなかったのである。

さて、東に向かったヴァイキングは「ルーシ」とよばれた。これは「スウェーデン」という意味のフィン語からきたことばで、この語はさらに「櫂を漕ぐ人」という古北欧語が本元といわれる。しかし「ルーシ」はやがてキエフ公国の人を、のちにロシア正教徒まで指すようになり、現在も「ロシア」という名称にその名残を留めている。

ルーシにとって最大の問題は、東ローマ帝国や回教国は物資供給の中継点なしに襲撃するには危険すぎたことである。このため彼らは、ロシアの地に自分たちで定住地や交易路をつくらなければならなかった。もっともヨーロッパ大陸のバルト海沿岸にはすでにヴァイキング時代以前からスカンディナヴィア人が定住していたところもあったため、東方についての情報もある程度はすでにもっていたはずだ（本章5、第4章7参照）。

手始めにヴォルホフ河畔のスターラヤ・ラドガ（Staraja Ladoga、「旧ラドガ」の意）に住み着いたルーシは、力を蓄えながらつねに南下を目論んでいた。南には東ローマ帝国を始めとする、豊かな先進国が並んでいたからである。862年ころ、リューリクという主導者の率いるスウェーデン系ヴァイキングが南下し、ノヴゴロド（Novgorod、ロシア）を中心とするルーシ国家を建てた。そして882年には、その息子オレグがさらに南に下ってキエフ（Kiev、現在ウクライナの首都）を占領、拡大してここに中心を移動させ、キエフ公国を樹立している。

一方東ローマ帝国は早くからルーシが戦闘に長けていることを見

抜き、彼らを皇帝の護衛兵として雇うようになる。この「ヴァラング兵」とよばれた護衛兵になることはルーシにとって最大の名誉で、本国からもこの職を求める男たちがこぞって東を目指したらしい。ヴァイキングという不安定なパートタイムの自営業よりも、東ローマ帝国という一流ブランドでフルタイムのサラリーマンをする方が好まれたのである。

　ルーシはスラヴ人やバルト人相手には掠奪も支配もしたものの、むしろ回教国や東ローマ帝国の銀、奢侈品などの方に魅力を感じていた。ところがこれら南の国々を頻繁に掠奪、あるいは征服することは不可能だっただろうし、彼らもそれは充分承知していた。そのためルーシは横取りより取引に重点を置くようになったのである。

2　事　情

　初期ヴァイキング活動の目的が多方面にわたるのは、スカンディナヴィアの内部事情が国ごとにかなり異なっていたせいもある。この項では、その点についてすこし詳しくみることにしよう。

　フランク王国は804年にザクセン地方を平定すると（第2章5参照）、ここを同盟者オボドリト人（スラヴ系民族）に譲渡した。するとデンマーク王ゴズフレズはオボドリト人を攻撃、彼らの商業地レリック（Reric、ドイツのグロース・シュトレームケンドルフ Groß Strömkendorf に同定）を破壊し、そこの商人たちをデンマークのヘーゼビュー（Hedeby、ドイツ名ハイタブ Haithabu。現在はドイツに属する）に強制移動させる。彼はさらにヘーゼビューにつながるダネヴィアケ（第2章5参照）を補強し、オボドリト人の仇敵ヴィル

ツイ人（スラヴ系民族）と同盟、オボドリト人指導者を暗殺した。

やがてゴズフレズの死後、その息子たちとフランク王国の支持を受けたデンマーク王族ハーラルとの間で長い権力闘争が繰り広げられた。このころフランク人聖職者たちがキリスト教化による異教徒柔和政策を試みはじめ、ハーラルはスカンディナヴィア王族として初めてキリスト教に改宗した。彼が洗礼後帰国するときついてきた司教の一人アンスガルは、リーベやヘーゼビューなどデンマークの町をまわり、中部スウェーデンのビルカまで足を伸ばした。しかしこの9世紀の布教は結局失敗に終わっている。

やがてフランク王国は843年に3分割され、そのうち東フランク国王ルードヴィヒ「ドイツ人」王（在位843–876）は、ゴズフレズの遠征以来デンマークに従属していたオボドリト人を再服従させた。ときのデンマーク王ホーリク一世はこの報復として、アンスガルが司教をしていたハンブルクを破壊する。

しかしホーリク一世のあとを継いだホーリク2世はフランク王国に友好的で、キリスト教に対しても融和政策をとった。二国間の緊張が高まっていること、ルードヴィヒ王がデンマーク掃討にやぶさかではなかったことから、ホーリク2世はこの大国との全面戦争を避けようとしたのかも知れない。

9世紀末、デンマークの王権は大きく弱体化した。その証拠に891年、スウェーデンのビルカを支配していたウーロヴがユラン半島南部に侵攻、この地を征服したといわれる。これ以降930年代にゴーム「老王」が新しい王朝を開くまで、デンマークの動きはよくわからなくなる。

一方9世紀のノルウェーは、豪族たちの権力闘争が盛んだった。

たとえば860年、ある豪族が紛争のため故国を追われてオークニー諸島（スコットランド北東沖、現在イギリスに属する）に住みついている。このすぐ後にアイスランド植民も始まったことを思うと、この政変はかなり大きかったのかも知れない。880年にはハーラル美髪王が南西ノルウェーを統一し、対抗者を迫害したためいっそう多くの移出者が生まれたといわれる。

ノルウェーからの大量移民は、かつて人口過剰によるものとみられていた。しかし当時たしかに人口は増えたが国内の可耕地は足りていたこと、中世になっても人口増加はつづくのに植民がなかったことなどから、この人口過剰説は近年激しい反発を受けている。

植民については次の章で詳しく述べるが、このように内紛で逃亡した人びとは海外で力を蓄えて故国での巻き返しを図るか、新たな土地で生活を始めるしかなかった。ノルウェー系ヴァイキングがデンマーク系のようにまとまって行動しなかったこと、各集団の標的がバラバラだったことの背景には、彼らの遠征目的がもともと集団ごとにはっきりと異なっていたからかも知れない。

さて、初期ヴァイキング時代のスウェーデンについてはあまりわかっていない。しかしこのころの遺跡に西ヨーロッパ大陸や西スカンディナヴィアの遺物が非常に少ない反面、アラブ世界、ハザール人（7世紀半ば以降ロシアで権力を誇っていたトルコ系民族）居住地域、東ローマ帝国などから入ってきた遺物が多く出土しているため、スウェーデンの興味が東に向いていたことはたしかだろう。

スウェーデンについて数少ない文字資料が語るには、この国は829年にフランク王国へキリスト教伝道士派遣を要請したといわれる。ハンブルクの司教アンスガルがスウェーデン中部の町ビルカを訪れ

たのは、このためらしい。しかしビルカを取り囲む地域では異教信仰が非常に強かったこと、この町が周辺から浮いた存在だったことを考えると（本章の6参照）、スウェーデンの国王が伝道士派遣を要請したとは考えられない。これはおそらくビルカの支配者が、単独で行ったものだろう。

　スウェーデンは9世紀、現在のラトヴィアで徴税をしたこともあったようだ。前項で書いたように、バルト海岸にはヴァイキング時代以前からゴットランド島人を始めとして多くのスカンディナヴィア人が住んでいた。スウェーデンはこのような地域から豊かさを獲得するだけでなく、本国との連帯感、あるいは本国に対する従属の態度を確かめようとしたのかも知れない。

　以上のように、各方面に向かったヴァイキングはその性格も背景もいろいろあった。しかし彼らの共通点は、銀を手に入れるために躍起だったことである。次の項ではこの点についてすこしお話しよう。

3　銀の時代

　民族移動期が「金の時代」ならば、ヴァイキング時代は「銀の時代」である。ヴァイキング時代スカンディナヴィアやその植民地で埋納された銀の量はどの時代とくらべても突出しており、なかでもとくに回教国の銀貨（ディルハム貨）の数はすさまじい。ディルハム貨が5個以上含まれていた埋納遺構だけでも1000カ所以上、その総計は13万枚近いのである。

　もっともこれは10世紀半ばにサラセン帝国の銀山が底をつくまで

図20 ヴァイキング時代末の埋納遺構から出土した銀製品（ゴットランド島オックスアルヴェ）

の話で、これ以降スカンディナヴィアに流入するのはドイツ（神聖ローマ帝国、962－1806）やイングランドの銀貨ばかりになる。ディルハム貨が入ってこなくなると東方交易は色あせ、それにともなってスカンディナヴィアとルーシの縁も一段と薄くなったようだ。

　ヴァイキングは、交易のほかに掠奪や脅迫でも金銀を獲得した。「掠奪されたくないなら自分から差し出せ」という脅迫によって得た一種の保護料は「デーンゲルド」とよばれ、特に西方や南方ヴァイキングの大きな収入源だった。フランク王国でなされたあるデーンゲルドは金300kg以上、銀1万9500kg以上だったというから、その要求は法外である。また彼らは貴族や高位の聖職者を誘拐し、身

代金を要求することもあった。アイルランドやイベリア半島では、国王すら誘拐されている。このためフランク王国海岸部や河岸部の教会は、ヴァイキング船の攻撃を避けるため内陸部へ移転することもあった。

では、ヴァイキングはどうしてそれほどまでに銀を欲したのだろうか。その理由は、民族移動期の金への欲求とは決定的に違う。民族移動期の金は純粋に奢侈品であり、漠然とした「非常に高価なもの」だった。ところがヴァイキング時代の銀は、一種の通貨として使用されることが多かったのである。要するに民族移動期の金は「お宝」で、ヴァイキング時代の銀は「現金」だったのだ。

ヴァイキング時代、物品に対する支払いはしばしば重さを基準にした銀でなされていた。といっても銀貨はほとんど普及しておらず、ふつうは銀製の首輪や指輪、銀板や舶来銀貨を細かく切った銀片がその代わりをしていたらしい。そしてその価値基準となる銀の重さの単位も、地域ごとにまちまちだった。

同一単位を使用したとみられる経済圏は、大きく3つにわけられる。ひとつはデンマーク、スウェーデン南部、スウェーデン西部、ノルウェー南部、もうひとつはスウェーデン中部、スカンディナヴィア半島北部、エーランド島、ゴットランド島、そして3つめはバルト海東岸や南岸のスカンディナヴィア人居住地域である（Hårdh 1996）。

しかし統一された規格が、厳密にひとつの経済圏を支配していたわけではない。その最たる例がゴットランド島である。この島で発見された銀製品や銀貨はヴァイキング世界全体量の4割近くを占め、いまだにほぼ毎年新しい銀埋納遺構が見つかっている。それで

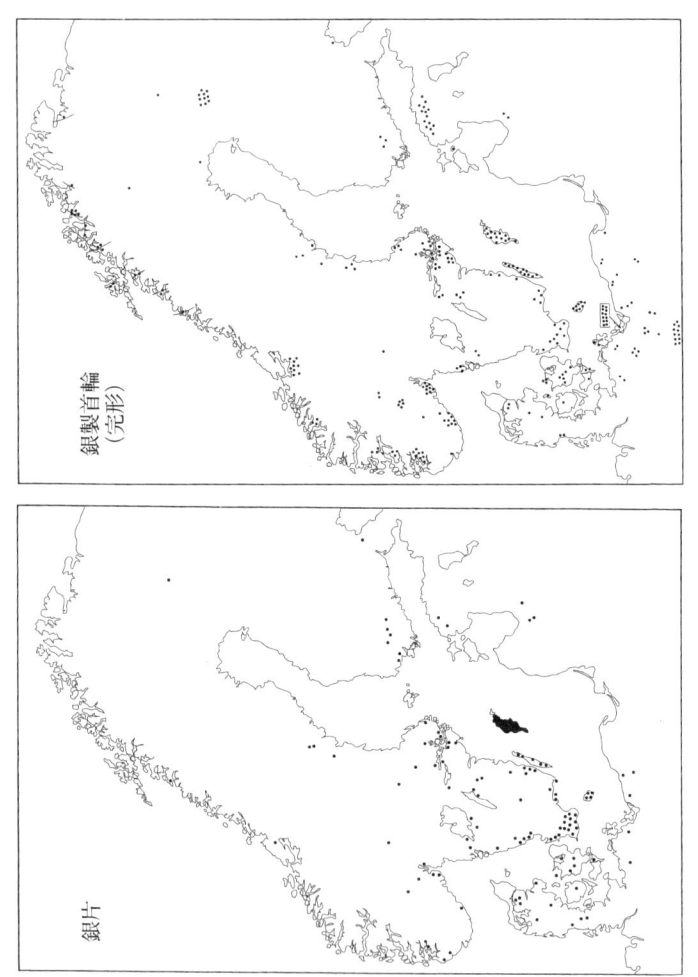

図21 銀片と銀製首輪（完形のみ）出土地（Hårdh 1996 より）

はなぜ、この島にだけ大量の銀が残ったのだろうか。

　ゴットランド島で発見された銀貨や銀製品には、いくつか特徴がある。まず大きいもの、銀貨であれば原形のままのものが目立つ点だ。他の地域では半分から16分の1まで、さまざまな大きさに細かく切られている銀貨片が多い。また当時銀片を支払いに使うとき、その純度を調べるためにナイフでつついたので、このナイフ痕が多い銀片は流通度が高かったということになる。ところがゴットランド島の銀片や銀貨にはこの痕があまり多くない。さらに他の地域では自国の銀貨が流通しはじめると銀製品は埋納されなくなるが、この島では島独自の銀貨が12世紀につくられた後ですら銀が埋められつづけるのである（Malmer 1985）。

　以上の特徴から、ゴットランド島では銀貨が支払い手段としてはあまり使われず、むしろ民族移動期の金のように奢侈財として貯蓄の対象になっていたため、多くの銀が埋納されたのではないかと思われるのである。同様の傾向が、ノルウェー西部にもみられる。

　ヴァイキング時代初期はすでに回教国、フランク王国、イングランドで銀貨がつくられていた。ところがしだいにスカンディナヴィア各地でも造幣が始まる。そうなるとヴァイキングが苦労してもち帰った海外の銀貨や銀片は、通貨としての価値がなくなってしまうことになる。銀貨の製造開始は、掠奪を目的としたヴァイキング活動の終焉に一役買っているのかも知れない。

4　風の島

　ここでちょっと本題とずれるが、今まで再三登場したゴットラン

ド島についてすこし詳しく紹介しよう。年中南西の風が強いため「風の島」の異名をとるこの島は、その謎めいた古代史とヴィスビュー（Visby、現在ゴットランド県の県庁所在地）に漂う中世の雰囲気で、今も非常に多くの観光客を魅了している。ヴィスビューは中世ハンザ都市として栄華を極めたことで知られ、現在も当時の教会廃墟や市壁が残っているのである。

第2章でも数回触れたが、ゴットランド島は早い時代から自治と独自の文化を育んできた。とくに民族移動期の繁栄は注目に値する。何しろ当時の農場数は、18世紀初頭のそれより130軒以上多かったと推測する説があるほどだ。このころのゴットランド島人はトゥーシュブリエン（第2章3参照）も登場する『ギュート人（ゴットランド島人）のサガ』だけでなく、有名な古英語叙事詩『ベーオウルフ』にも出てくる。さらにこの時期以降は特徴的な絵画石碑が描かれ（第6章4参照）、金属製品の装飾文様などにも独自性がはっきりと現れるようになる。

さて、ヴァイキング時代のゴットランド島には2つの特徴がある。ひとつは前の項で紹介した、銀の大量埋納だ。この島で発見された埋納遺構は700例以上、出土貨幣数は14万5000枚を上まわり、最高で1カ所から6000枚の銀貨が発見されたこともある。1999年夏に発見された遺構にも腕輪、のべ棒、ディルハム貨など10世紀前半のものが多く埋められていた。この総量（約12kg）は、スウェーデン銀埋納遺構の最大記録を更新したことになる。

研究者のなかには、ゴットランド島人はバルト海を往来する船の掠奪でどこよりも豊かになったと断言する人すらある。しかしこの島にこれほどの銀埋納がみられるのは、銀を奢侈財として扱う傾向

第3章 掠奪の時代 61

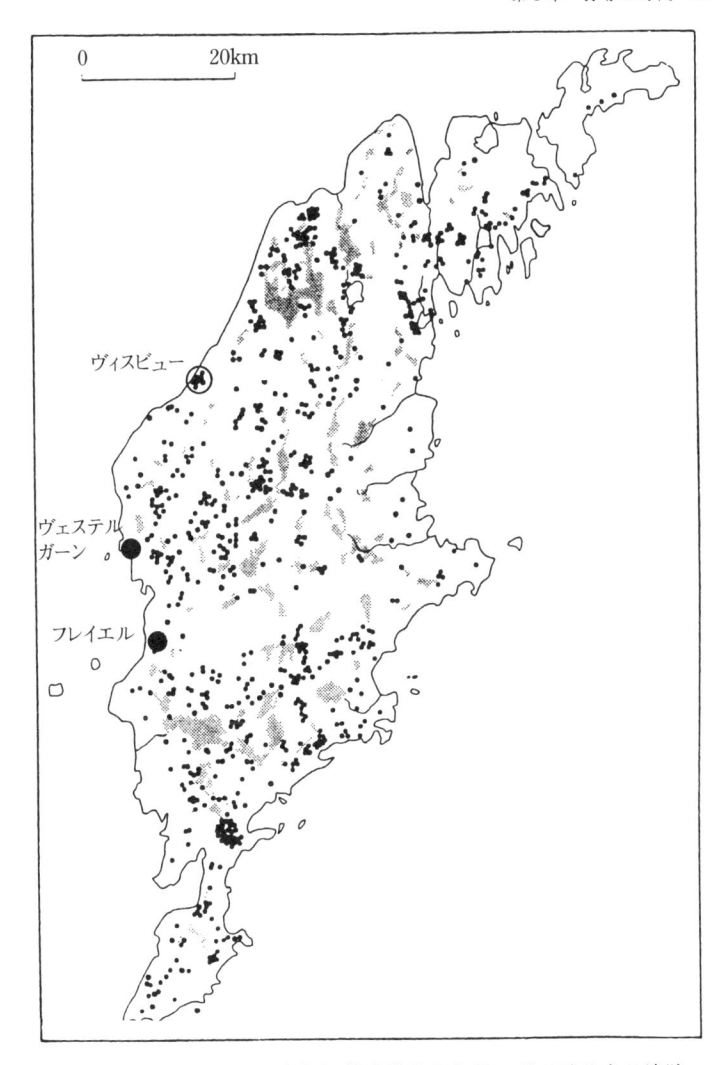

図22 ゴットランド島の金銀埋納遺構分布と第4項で言及する遺跡
　　（Burenhult,Göran *Arkeologi i Sverige3*, Stockholm, 1991に加筆）

が強かったかららしいということは前の項で述べた。興味深いことに、この島ではつい最近まで銀を貯蓄する習慣があったのである。

ひとつおもしろい話をしよう。この島にははるか昔から伝わるある物語があった。話の筋は大体次の通りである。夜道を歩いていた農夫が、通りかかった老人の荷車に乗せてもらった。老人はあるところに金銀を埋めてきた帰りだが、後継ぎがいないため、もし農夫が欲しいなら財産を全部やるという。しかも車には、まだたくさんの金銀が隠されていたのである。農夫は恐れをなして、数枚の銀貨をもらっただけだった。やがて農夫からこの話を聞いた人びとが老人の教えてくれた場所で必死に財宝を探したが、結局みつからなかった。

今までに数多くの人びとがこの物語に魅せられて、問題の場所で宝探しを試みてきた。そして1975年、ついにそこで500枚以上のディルハム貨を含む銀の埋納遺構が掘り当てられたのである。そしてその発見者もまた、この物語に惹かれて掘っていた好古家だった。

さて、ゴットランド島のもうひとつの特徴は、ヴァイキング時代に港が非常に多かったことである。当時は沿岸一帯に少なくとも30から40の港があったと推定され、島民の10人に1人が渡航経験をもっていたとすらいわれている。ここでは、なかでもとりわけ有名な2地域を紹介しよう。

島の西部にあるフレイエル（Fröjel）は遺跡の宝庫で、とくにヴァルハーガル（Vallhagar）という前期鉄器時代の集落址はよく知られている。ここにはさらにヴェンデル期から中世まで使われた港があり、住民は手工業、造船、交易を盛んに行っていたらしい。フレイエル周辺ではスウェーデン本土やドイツ、デンマークの遺物のは

か、変わったものではキエフでつくられた復活祭用の土製卵もみつかった。同様の卵が、スウェーデン中部のシグトゥーナ（Sigtuna、第5章7参照）でも発見されている。この地域は現在調査中なので、また新しい事実も出てくるだろう。

フレイエルとヴィスビューのちょうど中間辺りにあるヴェステルガーン（Västergarn）も、遺跡が多い。ここにはヴァイキング時代、ゴットランド島の豊かさを吸収しようとした中部スウェーデンの人びとが交易地を建てたといわれ、これとしばしば関係づけられる10世紀の石塁址がある。ヴェステルガーンはあまり拡大発展しなかったが、これは結局ヴィスビューに勝てなかったからだという意見が強い。

このヴェステルガーン教区内にあるパーヴィーケン（Paviken）という入り江は、おそらくこの島でもっとも有名なヴァイキング時代の遺跡だろう。ここには1200m×500mにも及ぶ文化層があり、ヴェンデル期から12世紀まで漁業、ビーズや土器製作などの手工業、交易、造船などが行われた。とくに漁業と造船あるいは船舶修理は盛んだったらしく、多量の漁具と船舶用鉄鋲が発見されている。

しかしパーヴィーケンには女性の痕跡がまったくなく、飼育されていた動物も定住性が低くても飼えるウシやヒツジ（またはヤギ）ばかりだった。このことから、ここはとくに漁業を中心とする夏だけの季節的な交易地だったとみられている。パーヴィーケンは悲劇的な最期を迎えたらしく、暴行を受け、殺害された遺体などが火災跡とともにみつかっている。

上記のゴットランド島交易地は、ヴィスビューを除くすべてがヴァイキング時代前半に生まれて末期までに衰退した。ヴィスビュー

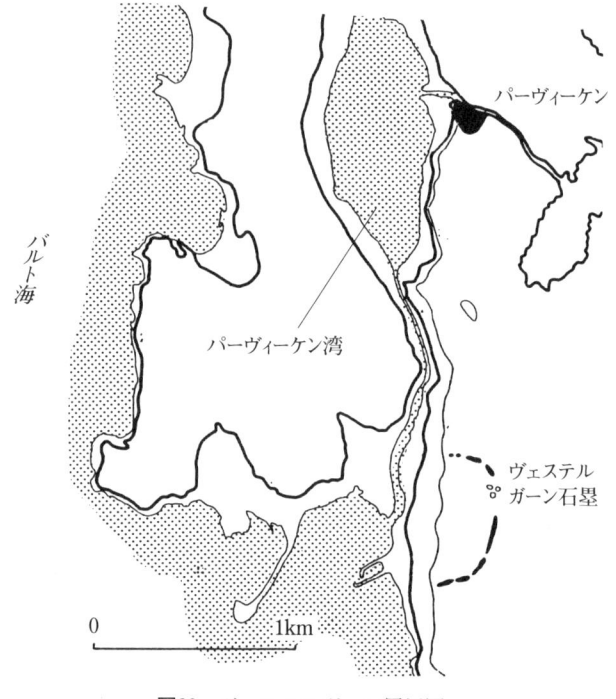

図23　ヴェステルガーン周辺図

だけがヴァイキング時代前半に始まり、中世に最盛期を迎え、現在もつづくという寿命の長さを誇っている。しかもここは、それ以前から異教の聖地だったようだ。

　ヴィスビューの市壁内部では、少なくとも10カ所以上でヴァイキング時代の遺跡が発見されている。たとえばガムラ・アポテーケット（「旧薬屋」の意）という現存する中世の建物裏では、3.5m^{2}の小さい木造家屋が2軒ずつ並ぶ条列が見つかった。これらは木材で舗装された道路に沿い、その道路は港につながっていたようだ。住

民は手工業と造船、特に琥珀加工や角製の櫛・土器・砥石の製造などをしていた。原料はほとんど島外からもち込まれたらしい。

ヴィスビュー周辺には、ヴァイキング時代の大きな墓域が3つある。ヴィスビューの600m南にあるコッパシュヴィーク（Kopparsvik）には9世紀末から10世紀までの墳墓が350基ほどあるが、墓域の北部、つまりヴィスビューに近い方では男性墓が9割以上を占め、南では男女半々になっている。墓域はヴィスビューに近い方から遠くへ広がっていったので、最初ここには男性ばかりが住んでいたことになる。また市壁内部の住居址でも、パーヴィーケン同様女性の生活痕跡は非常に少ない。しかしここでは10世紀になると高い定住性が必要とされる豚の飼育が始まること、女性も埋葬されるようになることから、ヴィスビューは最初季節的な交易地だったが、ヴァイキング時代末までには永住されるようになったとみられている（Westholm 1985）。

さてそれでは次の項から本筋に戻り、スカンディナヴィアの定住地について商業地など、農場、祭政中心地という3つの種類をみてみよう。

5　ヴァイキングの町

商業地や都市を話題にするとき、かならず問題となるのが定義そのものだ。この場合遺跡や推定人口の規模、住民や建物の密度と種類、行政管理組織や後背地の有無など、非常にさまざまな点が論じられる。そしてまたこれらひとつひとつについて、各方面の研究者が実に長い間熱心な論争を繰り広げているのである。

しかし本書では、定義については深くは触れない。便宜上ごく簡単に、季節的に交易と手工業が営まれた場所を「交易地」、多くの住民が交易や手工業に携わった定住地を「商業地」、第1次産業以外を生業とする住民がほとんどで、区画整理など計画的な発展性がみられ、道路や港のような公共建築物がある定住地を「町」、町のなかでも経済的・政治的・文化的に地域の中心として君臨したものを「都市」ということにしよう。現在までの研究ではヴァイキング時代スカンディナヴィアで「町」に当てはまるのはリーベ、ヘーゼビュー、ビルカの3カ所のみで、都市は同時代末期になるまで存在しない（第5章参照）。

　それでは、ヴァイキング時代の町や商業地はどう変化したのだろうか。以下スウェーデンの考古学者ヨーハン・カルメルの説を基盤にして、かなり一般化した形で話を進めてみよう（Callmer 1994）。

　8世紀初め、新生ヨーロッパは何とか安定し、サラセン帝国（アッバース朝）は最盛期への途上にあった。この景気上昇はスカンディナヴィアも活気づけ、しだいに大陸とのネットワークをつくろうとする動きが活発化する。この時期にはリーベやオーヒュース（Åhus、スウェーデン南部）など、季節的交易地が出現した。

　8世紀半ばを過ぎると、この新しいネットワークが安定する。オーヒュースは定住化されて商業地となり、ビルカ建設も開始された。このころはメンツリン（Menzlin、ドイツ）などスラヴ世界の交易・商業地にも、スカンディナヴィア人の痕跡が認められる。

　9世紀前半もこの傾向はつづく。カウパング（Kaupang、ノルウェー南部）、オーフース（Århus、ユラン半島）、トレッレボリ（Trelleborg、スウェーデン南部）といった交易・商業地が出現し、また

ヘーゼビューが場所替えとともに町として生まれ変わる（本章の2参照）。さらにヴォーリン（Wolin、ポーランド）やラルスヴィーク（Ralswiek、ドイツ）などスラヴ世界にある町にも、スカンディナヴィア人が住み着いている。

だがこの時期の商業地は、どれも非常に短命だった。そしてまもなく町がそのまま発展をつづける一方で、商業地は頭打ちになる。この傾向は9世紀後半頂点に達し、9世紀前半に生まれた上記の場所のうちカウパング、オーフース、トレッレボリが斜陽化または破棄されている。一方発展をつづけたビルカとリーベでは、町を囲む土塁が建設される。

おもしろいことに、9世紀はスラヴ世界でもよく似た動きがみてとれる（市原 1998）。つまりこのときの商業地淘汰は、環バルト海的現象だったのである。したがってこの背景はフランク王国三分化による混乱やサラセン帝国の衰勢など、スカンディナヴィアの枠を越えたところにあるのかも知れない。

ただしスラヴ世界では、近くに生まれた新しい商業地や町が、これ以前の交易地に取って代わる場合も少なくなかった。一方この頃のスカンディナヴィア商業地は、多くの場合その後継地が同定されていない。

スカンディナヴィアでは、商業的機能がしだいに町に集約されていくなかで景気が悪くなったため、商業地が真っ先に景気後退の煽りを受けたとみることもできそうだ。近くに大規模なショッピング・モールができた上に景気が悪くなって、地元商店街から一気に客足が遠のくようなものである。そしてこれは言葉を変えれば、町がいっそう広範囲の経済を包括するようになったともいえるのであ

る。

　10世紀になると、町のなかで変化が現れる。まず、武具・豪華な副葬品を含む墳墓が増える。これは町に社会的地位が高い人が入ってきたか、あるいは誕生したことを暗示する。また9世紀に建てられた町の土塁が、より強固なものに建て替えられた。この建て替えはデンマークにとっては、戦争準備として必須だった。この国は10世紀後半、神聖ローマ帝国と2回戦っている。

　リーベではおそらくこの時期、土塁内の一部にもうひとつ小さな方形壕がつくられた（Feveile 1994）。これはスラヴ世界から導入した形態かも知れないが、この町のなかに町民とは一線を画す特権階級がいたか、あるいは通常の機能から隔絶した、特別な役割を果たす空間があったことを表しているのだろう。

　そして10世紀後半、スカンディナヴィアにあった3つの町のうちの2つ、すなわちヘーゼビューとビルカがついに'風前の灯火'となる。ビルカはほとんど放棄され、ヘーゼビューも一気に斜陽化した。この町はその後盛り返さないまま、11世紀に滅亡するのである。

　こう書くとビルカとヘーゼビューはあたかもさびしい最後を迎えたかのように聞こえるが、実際はすこし過激な場所替えのようなものだった。前者はシグトゥーナ、後者はおそらくスレースヴィ（Slesvig、ドイツ名シュレースヴィッヒ Schleswig。現在はドイツに属する）という中世都市に取って代わられたらしいのである（第5章参照）。

　ところが、リーベだけはむしろ11世紀に最盛期を迎えた。町は壕を越えて広がり、その外側に監視塔つきの土塁が建設された。造幣所も建てられ、当時の4人の国王がこの町の名を銀貨に残している。

10世紀末にこの町だけが生き残った理由は、政治的支持者が安定していただけでなく、いち早くキリスト教の中心地という基盤も確立していたためだと思われる（Jensen 1991）。一方ヘーゼビューとビルカは政治面・軍事面で不安を抱え、ビルカはその上宗教面でも支持がなかった。つまり産業が斜陽化すれば、これら2カ所の存在意義はなくなってしまったのである。

　もっとも、スカンディナヴィアには町が3つしかないと決まったわけではない。充分な調査が行われていないために、交易地や商業地のカテゴリーに入ってしまっている場所もあるだろう。ノルウェーのカウパングやその隣接遺跡、ゴットランド島のヴィスビューなどはこの点で気になる。ヴィスビューはリーベのように、寿命が非常に長い町なのかも知れない。

　また文字資料にも残らず、現在町の下に埋もれているため、その存在すら知られていない場所も考えられる。たとえばスウェーデンの西イェートランド地方だ。ここでは民族移動期以降の金銀遺物や武具出土量もかなり多く、ヴァイキング時代末以降中世にはいく度かスウェーデン国王を輩出した。これだけ早い時代から長期間継続して高水準を保った社会が、ヴァイキング時代にだけ町をもたなかったというのはおかしい。

　しかし、西イェートランド地方の問題にはビルカもかかわっている。ビルカは中世スウェーデン統一国家形成の過程で非常に重要な町でもあるので、次の項でヴァイキングの町の一例としてすこし詳しく取り上げよう。

6　余所者

メーラレン湖に浮かぶビョルクエー島にある伝ビルカ遺跡（考古学では通常ビェルクエー島遺跡 Björkö とよぶ）では、今でも13ha近い文化層、9世紀の丘陵石塁、10世紀の土塁、そして総数3000基に及ぶ墳墓の多くを裸眼で見ることができる。緑溢れる穏やかなこの島には住人がおらず、島で見かける人は避暑・観光客、調査中の遺跡関係者、博物館関係者のいずれかだ。ここは、まさにヴァイキング遺跡の島なのである。

ビルカは8世紀後半、それまで誰も住んでいなかったこの小島に突然建設された。当初から溝のある道路が走り、産業別に区画わけもされていたらしい。各区画には5×8ｍの木造建築物が1、2軒建ち、時にはこれに付属建築物もついた。

ビルカには複数の桟橋があったが、そのうちひとつを除いてすべて木造だった。そして町は唯一の石造桟橋を中心点として、扇形に広がっていた。9世紀に町を囲むようにして半円形の土塁が築かれ、これは10世紀になると現存するものに建て替えられている。

この町の最盛期は9世紀末から10世紀で、これはビルカの王がヘーゼビューを支配していた時期に一致する（本章の2参照）。そして10世紀末には、ほとんど放棄された。

ビルカでは青銅製品、角製の櫛、ガラス製ビーズ、土器などがつくられ、東方から銀や絹が、北から毛皮などが入ってきた。またヘーゼビューでつくられたシャット貨が大量に発見されたことから、かつてこれらはこの町で製造されたと思われ、「ビョルクエー貨」

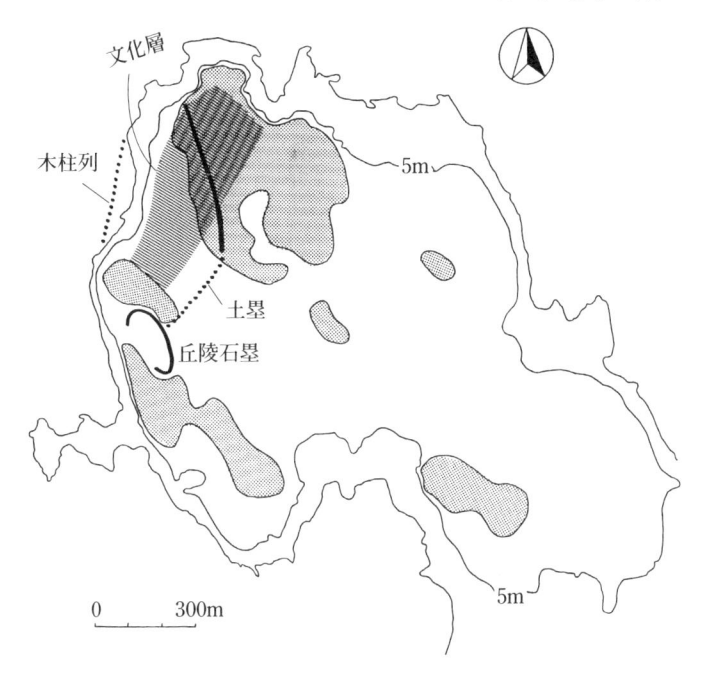

図24 ビルカ遺跡（網掛け部分は墓域）

と名づけられた。墳墓のなかには国際的な副葬品溢れる「木槨墓」、キリスト教徒の木棺墓、船葬墓などが認められる。木槨墓というのは墓穴の側面に壁のように木材を並べる墓で、こうすると墓室が崩れにくくなるのだ。ちなみに木槨土葬墓は、スウェーデンではこの遺跡でしか発見されていない。

さて、ビルカが放棄された理由のひとつに、地殻上昇（第1章3参照）によってバルト海とメーラレン湖をつなぐ航路が変わったからだという説がある。しかしこの地形変化はビルカへの交通を多少不便にするくらいで、すでに大きく発展していた町が見捨てられる

ほどの大事件だったとは思えない。おそらくこの町の衰退には、もっと別の理由がある。

もっとも可能性が高いのは、「引っ越し」である。ビルカはもともと、独立した小国のようなものだった。この島は独自の王朝をもち、それは伝統的な異教勢力に対抗するためキリスト教の支持を受けようとしていた（本章の2参照）。

ビルカの独自性と孤立性は、その住人の多くがイェート人（西スウェーデン人）を中心とする余所者だったためらしい。これは11世紀の『ハンブルク教会史』が記しているだけでなく、ある程度の考古学的証拠と論理性をもって説明できる。

8世紀末、イェートランド地方の勢力が中部スウェーデンの豊かさに着目して、そこに切り込んできた。そしてガムラ・ウップサーラという伝統的中心地から離れた、しかしそこへ行き来する交易船とそっくり代行交易できるような場所に町を築き、新しい宗教を背景に勢力を伸ばそうとしたのである。

この新参王朝は、ビルカ誕生と同時に隣のアーデルスエー島フーヴゴーデン（Hovgården）に居を構えた。フーヴゴーデンは地元アーデルスエー島やその周辺地域との連帯がほとんどなく、ビルカとともに浮いた存在だった（神田 1995 a、b）。近年ではこのフーヴゴーデンのイェートランド系王朝は、ヘリエー（第2章4参照）の地元豪族が招致したと考える説も出ている。

ではビルカの王はどうしてビルカではなく、隣の島に家を建てたのだろうか。これは同時代の文献である『聖アンスガール伝』にもあるように、ビルカがしばしばデンマーク人や周辺住民の掠奪に遭っていたからだろう。周辺住民が掠奪を仕掛けるということは、ビ

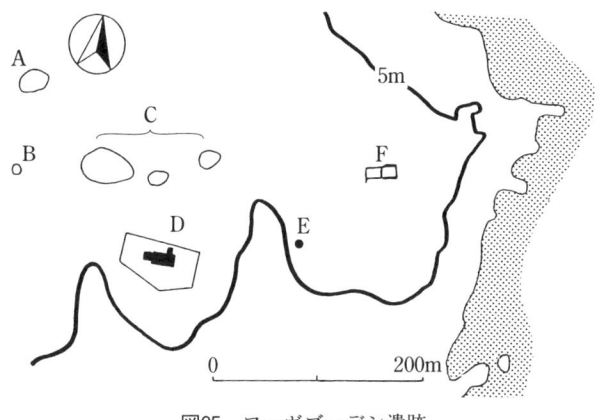

図25　フーヴゴーデン遺跡

A　「スコピントゥル」墳丘墓：
　900年ころ
B　「集会の丘」：未調査
C　「王墓群」：未調査
D　アーデルスエー教会
E　ルーン石碑：11世紀中ごろ
F　アルスネー・ヒュース：13世紀

ルカが地元支持を得ていなかったということだ。このためビルカの王は身の安全を考えて、掠奪者の対象であるビルカからすこし離れたところに住むしかなかったのだろう。

　ビルカ王朝はイェートランド地方だけでなく、ヘーゼビューを通してデンマークとも関係を保っていた。こうして外との政治的・経済的連帯を強化し、さらにキリスト教という新しい宗教の支持者となり、スウェーデン支配に向けて動き出したのである。しかしビルカでのキリスト教布教が失敗したため、ガムラ・ウップサーラは異教中心地として、そしてスウェーデン中部の伝統勢力最後の砦として、11世紀ころまでビルカ王朝に抵抗しつづけることになる。

7　農　民

さて、ヴァイキング時代に商業地や町で交易・手工業を営んだのはごく一部の人だけで、大多数のスカンディナヴィア人は農民として暮らしていた。そして農場の姿は、全土的にとても類似性が高い。そこでここでは、一般的な農場の形態について簡単に紹介しよう。

ひとつの農場には、敷地内に少なくとも母屋と1から3棟程度の付属建築物（納屋など）があった。母屋は青銅器時代以来スカンディナヴィアで主流を占める「ロングハウス」、つまり縦長の掘立柱式住居で、その大きさは長径がだいたい20〜30m、幅が5〜6mくらいだった。居住者は両親と所帯をもつ前の子供という核家族が主流だったとみられるため、このロングハウスは現代日本の暮らしとくらべても悪くない大きさだ。母屋は東西方向に長く、南側の中央部に出入り口があることが多いが、南北方向を向いた家もある。

母屋の内部はふつう大小2つか3つに分かれ、しばしば「ホール（広間）」とよばれる大部屋は居住者用の居間・寝室・厨房として機能した。炉はたいていこの部屋の中央部にあった。長径方向の両壁には棚のような括り付けベンチがあり、人びとはここに座ったり寝たりしたらしい。もうひとつの部屋は家畜用で、ここにはこの部屋専門の勝手口が設けてある場合が多い。大型住居ではこの部屋で20頭を超える大型家畜が飼われ、各頭ごとの仕切りもつくられていた。これに納戸が加わって3部屋を構成している。

納屋はだいたい寸詰まりのロングハウスである。多くの農場ではこのほか、作業用の竪穴式家屋ももっていた。この作業小屋は床面

が正方形かそれに近い長方形だが、円形のものもわずかながら認められる。

　ヴァイキング時代後半には、とくにデンマークで母屋に2つの大きな変化が見て取れる。まずロングハウスの長径部分が、緩やかな曲線を描いて膨らむようになる。この形は「トレレボー型」とよばれている（第5章5参照）。それからこの時期になると母屋で家畜と同居するのをやめ、外に家畜小屋をつくるようになっている。集落では各戸が柵で囲ってあったが、独立農場はこういった厳密な地境がないこともめずらしくない。

　集落と独立農場という言葉が今出てきたが、スカンディナヴィアの農場は大きく分けて2つのグループに分かれる。ひとつは各農場が散在・孤立している「独立農場」で、スウェーデン中部・北部およびノルウェーがだいたいこれに当てはまる。ここでは、敷地内の不可耕地に自分の家専用の墓域があることが多い。

　もうひとつは数軒の家が集まっている「集落」で、この形態はとくにデンマークで顕著だが、スウェーデン南部やバルト海の島嶼部にもみられる。集落の周辺には耕地があり、その果てに集団墓域があるのがふつうだ。

　集落の姿はいろいろだが、かなり計画的につくられたものもある。ユラン半島中部にあるヴォーバセ（Vorbasse）がいい例だろう。ここは紀元前1世紀から11世紀まで継続して使用された息の長い遺跡で、しかも12世紀以降は1km離れた場所に移り、その後現在まで存続している。

　8世紀から10世紀のヴォーバセには一本の道が東西に走り、それに沿って南に3軒、北に少なくとも2軒の農場が並んでいた。各戸

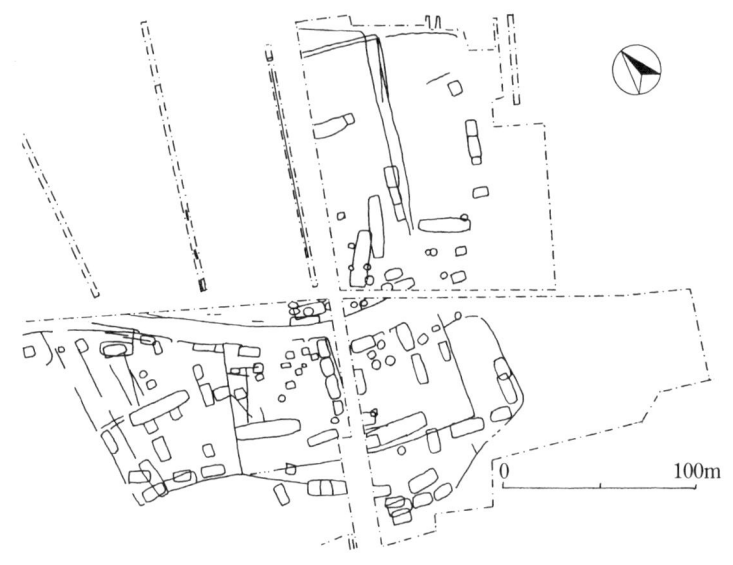

図26　ヴォーバセ遺跡（ヴァイキング時代初期）

は柵で囲われ、しかもほぼ同じ面積で、その上付属建築物が道側に集まっている。したがってこの集落が恣意的につくられたのは明らかだが、なぜ、そして誰がそうしたのかはわからない。この集落を通る道が建設されたときに区画整理もなされたのだとすれば、それは国王など政治的上層者の計画によるものだった可能性もある。

　区画整理はないが、一定の規則性をもつ集落もある。同じくユラン半島にあるセズィング（Saedding）では、5から6軒のロングハウスが140m×25mていどの長方形をした空間を取り囲んでいた。建築物は何度も建てかえられているが、どれもこの空間には立ち入っていない。この空間には何も遺構がないことから、おそらく共有の広場だったと思われる。セズィングではロングハウスの方向はつ

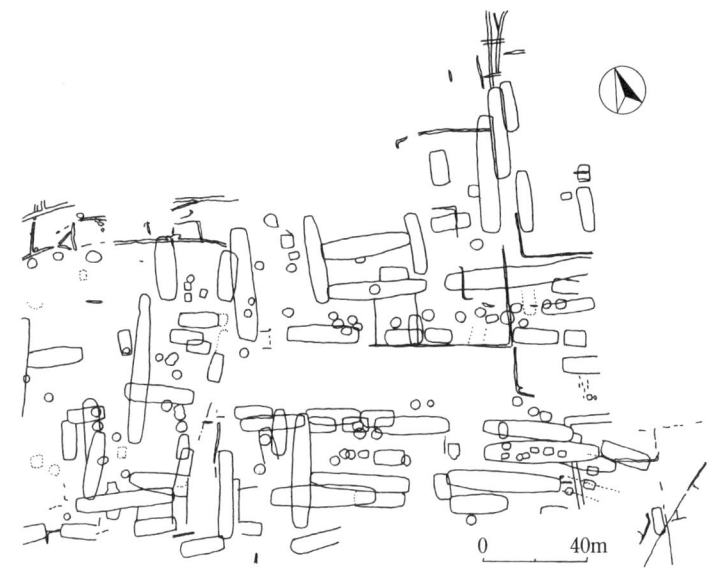

図27　セズィング遺跡

ねに南東―北西か北東―南西のいずれかだが、付属建築物の位置にはヴォーバセにみられるような共通性・規則性がない。また各戸の柵も、集落を通る道もなかったことから、区画整理はされていなかったことがわかる。

　この項でお話した農場の形態は、あくまでも「もっともよく考古資料に現れる農民の姿」を反映するだけのものだ。なかには土地をもつことができず、どこかの農場に間借りした人もいただろうし、ロングハウスではなく竪穴の小さな家にしか住めなかった人もいたことだろう。

　それでは町と農場の話が出たところで、この章の最後に今までしばしば登場した「祭政中心地」も紹介しておこう。

8　力の中心

「祭政中心地」という言葉は、町や商業地よりもはるかに曖昧に使われている。スカンディナヴィア人はキリスト教徒やスラヴ人のような宗教建築物をもたず、ヴァイキング時代になると聖地での供物埋納もほとんどなくなる（第2章2参照）。その上政治的重要事項も、屋外の集会によって決められることが多かった。つまり、政治的・宗教的機能のための公共建築物がなかったわけだ。したがって祭政中心地の概念はすなわち、周辺地域を統括する権力者の居住地と同義の場合が多いのである。

祭政中心地、つまり権力者の居住地の特徴は、まず母屋が非常に大きいことだ。これは母屋のなかの「ホール」（前項参照）で、ある程度の規模をもつ集会や宴会が可能だったことになる。ホールは出土遺物にも特色がある。まず非常にみごとな金属製品、とくに装飾品が多い。その典型がブラクテアートや金箔小像である（第2章2参照）。さらに僅少な舶来製品がみつかることもめずらしくない。このため、「ホール」は祭祀に使われることもあったか、祭壇のようなものがあった可能性が高い。

このほか祭政中心地の特徴としては鍛冶小屋がある点、金属製造以外の手工業の痕跡があまりない点、敷地内に大型墳丘墓がある点などもあげられる。さらに建築物数の割に可耕地を含む包括面積が小さい点を指摘する声もあるが、これはかならずしも正しくないようだ。

さて、祭政中心地と目される大型住居址があると、その勢力範囲

が気になってくる。これを推測する手法として、隣の祭政中心地までの距離や包括する農場数・面積を研究する空間分析、また地名研究などがよく使われている。

　これらの結果と文献資料をつき合わせると、ヴァイキング時代のデンマークが現在の姿と異なっていたことがはっきりわかる。ヴァイキング時代前期、デンマークといえばおもにユラン半島とノルウェー南部を指していたようだ。早くも813年には、ノルウェーのヴェストフォル地方がデンマーク最辺境として扱われている。

　一方シェラン島は当時かなりの独自性をもっていたらしく、ここにはヴァイキング時代以前から10世紀後半まで、ライラ（Lejre）という祭政中心地が存続していた。またスカンディナヴィア半島とヨーロッパ大陸の間にあるボーンホルム島も、900年以前は独自の王を戴いていた。その上スウェーデン南部には東にヴェー（Vä）、西にウップオークラ（Uppåkra）、スウェーデン西部にはスレインゲ（Slöinge）などがあった。

　しかしながらおもしろいことに、いまあげた祭政中心地はどれも10世紀中には放棄されてしまったようだ。そして10世紀半ばかそれよりすこし前、ユラン半島にイェリング（Jelling）という大きな祭政中心地が台頭してくるのである。したがってイェリングの勢力が10世紀中に大きく伸張し、シェラン島やスウェーデン南部・西部をも包括するにいたったと解釈することもできる（第5章1参照）。

　イェリングには現在、958年ころ築造された墳丘墓と、それよりやや大きめの、しかし墓ではない墳丘があり、この二者の間に中世の教会と2つの有名な石碑が建っている。石碑のひとつはゴーム王朝の創設者ゴーム老王が妻のために彫らせ、もうひとつは960年こ

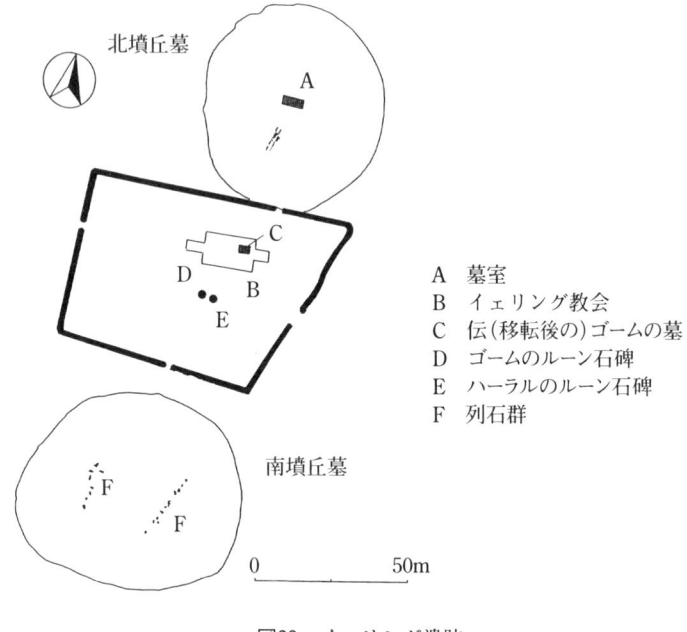

```
               北墳丘墓
                          ┌─────────┐
                         │    A     │
                         │  ▭       │
                          └─────────┘

              ┌──────────────┐
              │    ┌──┐ C    │      A  墓室
              │  D │  │▬     │      B  イェリング教会
              │   • • B      │      C  伝（移転後の）ゴームの墓
              │     E        │      D  ゴームのルーン石碑
              └──────────────┘      E  ハーラルのルーン石碑
                                    F  列石群

                      ┌─────────┐
                     │  ·F·      │  南墳丘墓
                     │     ·F·   │
                      └─────────┘
                         0    50m
```

図28　イェリング遺跡

ろゴーム老王の息子ハーラル「青歯王」が建てさせたものだ。ここでハーラルは自分がデンマークとノルウェーの支配者となったこと、デンマークをキリスト教化したことを伝えている。

　埋葬の形跡がない墳丘の下では、少なくとも前期鉄器時代にさかのぼる列石が発見されている。またゴーム老王の墓とされる墳丘墓も、青銅器時代の墓の再生利用だった。この点からみると、イェリングはおそらく前期鉄器時代にはすでに祭政中心地だった可能性が高い。そしてここは、ヴァイキング時代後半にハーラル青歯王が統一したデンマークという国家の中心地でもあった。ちなみにゴーム老王の墓は空墓で、被葬者が移出された形跡がある。このためデン

マーク初のキリスト教徒王となったハーラル青歯王が、父ゴーム老王を教会墓地に移したといわれている（第5章参照）。ゴーム老王の遺骨は間もなく、この墳丘墓に「戻される」ことになっている。

一方ノルウェーは、中世の文献が語るところでは各地方の独立性がきわめて強かったにもかかわらず、ヴェストフォル地方のボッレやローフォーテン諸島のボル（第1章3参照）など、祭政中心地と断定できる遺跡がごくわずかしか知られていない。しかしこれは遺跡の発掘調査自体が非常に少ないことと、この国では利用可能な土地がとても少ないため、多くの遺跡が現在建築物の下敷きになっているであろうことがその理由であって、考古資料が文献史料と食い違うと結論づけるのは早計だ。

中部スウェーデンではヘリエーやガムラ・ウップサーラ、ヴェストマンランド地方のバーデルンダ（Badelunda）、その他いくつかの伝統的な祭政中心地が衰退し（第2章参照）、フーヴゴーデンすなわちビルカ王朝所在地が台頭する（本章の6参照）。どうやら中部スウェーデンでもデンマークのイェリング王朝同様、ビルカ王朝が国家統一に向けて着々と伝統的な祭政中心地を押さえていったとみることができそうだ。

さて、スカンディナヴィアの祭政中心地には、大きく分けて3つの低迷期がある。6世紀末から7世紀初頭の衰退期（第2章1および4参照）、ヴァイキング時代初頭、そして10世紀半ばである。7世紀初頭はローマ世界崩壊の煽りを遅れて受けた点、10世紀半ばは中世都市の誕生によって説明できるが、ヴァイキング時代初頭についてはまだはっきりとした理由づけはできない。

それではヴァイキング時代初期のスカンディナヴィアが見えてき

たところで、話を本来のヴァイキング活動に戻そう。掠奪の時代を過ぎたヴァイキングたちはその後何をし、どんな痕跡を残していったのだろうか。次の章では海外でのヴァイキング活動を中心に、この点をお話しする。

コラム ──────────

アーデルスエー島の夏

　今日も暑くなる。地下鉄ブルンマプラーン駅前でアーデルスエー島行きのバスを待ちながら、抜けるような青い空を見上げた。

　バス停で隣に並ぶ人たちは皆、カメラを片手に楽しそうに話している。彼らは観光客で、途中のドロットニングホルム宮殿前で降りてしまう。地元民の乗客はほとんどおらず、いても郊外の住宅地を過ぎると皆消える。それから長い間、大きなバスの中には私と運転手の2人だけだ。ストックホルム中心街を出てから1時間もたっていないのに窓の外にはただただ木々の緑、野原の黄色、そして空の青しかない。家も人も、対向車すらほとんど見ることはない。

　やがてムーンスエー島という島の北端近くに来ると、道路が突然終わる。ここでバスは一旦エンジンをとめ、対岸のアーデルスエー島から折り返してくるフェリーを待つ。

　はじめてこのバスに乗った日、大柄の女性運転手がたずねてきた。

　「このバスはあの島に行って、島を循環したらまたここに戻って来るのよ。あなたどこに行くつもりなの」

　「教会の側にある遺跡」

　私がそう答えると、彼女は怪訝そうに、

　「ビルカのこと？あそこには、バスでは行けないのよ。市役所の側から出てる船で行くのよ」

と言った。

コラム――――――――――――――――

　アーデルスエー島は、住人もろくにいない別荘地である。その隣にあるビョルクエー島遺跡（伝ビルカ遺跡）には数限りない観光客が訪れるが、ビルカの王が住んだというこのアーデルスエー島フーヴゴーデン遺跡は、スウェーデン人の間ですらあまり知られていない。運転手の言葉は、しごく当然だった。

　アーデルスエー教会前でバスを降りると、その脇に3基の「王墓群(クングスヘーガナ)」がたたずんでいる。いちばん手前にあるひときわ大きい墳丘墓が、ビルカの創設者エーリク王の墓と言われているものだ。しかしこれらのどれも発掘調査されておらず、本当のところは何もわからない。

　「王墓群」の側にあるこんもりした見晴らしのいい丘は、中世の国王居館アルスネー・ヒュース址だ。今も当時の瓦礫が散らばり、廃墟がはっきりと地表に出ている。アルスネー・ヒュースの西側には「スコピントゥル」と名のついた大型墳丘墓が、道沿いには「集会の丘(ティングスヘーゲン)」とよばれる墳丘が見える。この辺り一帯がフーヴゴーデン遺跡だ。アルスネー・ヒュースの向こうにはメーラレン湖の一部、フーヴゴーズフィヤーデン湾が静かに広がっている。

　1994年の夏、ストックホルム大学考古学研究所のアンデシュ・カールソン助教授率いるフーヴゴーデン遺跡プロジェクトが、ここで調査を行っていた。参加者は研究所の学生やＯＢのほか、助教授が編集長を務める一般向け考古学雑誌で公募した在野研究者や好古家、そして助教授の思いつきで誘われた私である。

遺跡に着くと、先に到着していた参加者たちがうろついている。
「おはよう」

明るく挨拶をしたところで、返事が戻ってくるのはこれまで話をしたことがある人たちだけ、いいとこ半数だ。えたいの知れないアジア人に対するスウェーデン人の反応は、大概こんなものである。そのうえ彼らは参加費を払って調査に加わった人たちで、こういう好古家は学生とすらあまり話をせず、ひたすらトレンチにこもる発掘マニアが多い。

まもなく道具担当者たちが、ガチャガチャと音を立てながらやってきた。アーデルスエー島は都心からの交通の便がさほど悪くないせいもあって、調査参加者は毎日帰宅する。調査に必要な道具も一部は教会近くの納屋を借りて納めていたが、ほとんどは自家用車をもつ学生が毎日大学の研究所から運んできていた。

今回の調査では、遺跡内の3カ所にトレンチを空けた。ひとつはアルスネー・ヒュースの東側に露出していたヴァイキング時代の桟橋址を縦断し（東トレンチ）、2つめはアルスネー・ヒュースの南側にあるルーン石碑の下で確認された建築物遺構を切った（南トレンチ）。これも、ヴァイキング時代のものだ。そして3つめは私が加わっていた西トレンチで、これはアルスネー・ヒュースの西端から丘のふもとまでの、いちばん長いトレンチだった。ここではヴァイキング時代のロングハウス址が確認されており、場所からいっておそらくヴァイキング時代フーヴゴーデンの中心的建築物ではない

コラム

かと思われた。

　8時半過ぎになると男性は海パン、女性はビキニ姿になって、何となく作業を始める。調査の方法は、日本のそれと大差ない。層序を見ながら砂利だらけでガリガリのトレンチを掘り下げ、遺物があればその出土状況や地点を記録して写真をとる。それから遺物を取り上げて必要な記録をカードに書き込み、遺物箱に置く。遺物箱は、毎日学生が研究所の整理室にもっていく。さらにトレンチを掘り下げながら出た砂利土は、メーラレン湖から汲み上げる水を使って再度濾過する。そうすると、直径1ミリ程度のビーズ片のような極小遺物も見失わないのである。

　しかし、これには根気が要った。暑いし、水をかけずに掘るものだから土煙がもうもうと立っているし、濾過作業の時にはすぐ隣で

旧式のモーターがこれでもかというほどの騒音を発し続けるのでイライラしてくる。さらに悪いことに西トレンチはアルスネー・ヒュース建築時にすでに破壊されている部分が深く、遺構もろくに残っていないうえ、アルスネー・ヒュースの瓦礫以外まったくと言っていいほど遺物が出ない。モーターの大騒音の中、土煙と汗で塞がれた目を必死に凝らしてザラザラと土砂を掘り集めては水にさらし、午前中一杯かけて何とか数ミリ程度の遺物片ひとつ見つかれば上出来である。

　それでもスウェーデン人は無口で、勤勉で、タフだ。全員の休憩時間はとくになく、疲れたら各自勝手に休むのだが、昼食時までほとんど働きづめで、休んでも10分もしないうちに戻ってくる。日中の気温は30度を越えるのに帽子も被らず水も飲まず、体はじりじりと焼きっぱなしで、皆黙々とトレンチにこもるのである。

　昼食の時間も、何となく始まる。そして１時間もない。参加者はその間自宅からもってきた弁当を広げるか、教会側の小さな店でパンや果物を買って楚々と食べるかのどちらかだ。弁当と言っても、チーズが挟んであるパンにちょっとした果物程度の簡素なものである。

　私はいつも買出し集団に混じって店に出かけたが、初めての日レジにいた若い女性が、

　「あら、あなたも発掘に参加してるの？　ここも有名になったもんね！　あー、それともビルカと間違えたのかしら？」

コラム

と話しかけてきて、周囲の爆笑を買った。

　この時、隣のビョルクエー島遺跡でも発掘調査が行われていた。こちらは国立歴史博物館ビルカ・プロジェクトが主宰する大がかりな長期調査で、企業スポンサーがついているだけでなく、やや高めの調査参加費やツアー見学料など各方面からの収入があった。設備も豪華で、桟橋近くには発掘経過や出土遺物を紹介するテントも建っていた。このテントは、その後きちんとした博物館に建て替えられたそうだ。さらに調査開始当初から大がかりな宣伝がなされ、一般向けの見目よい簡易報告書が次々と出版されていた。そのせいか、世界中から大勢の調査参加者や見学者が訪れていた。

　もっともビルカ・プロジェクトがここまで注目されるまで、その主任担当者であるビョルン・アンブロシアーニ教授は随分苦労したようだ。教授はその後も勢力的に報告書を作成し、ビルカ関連のセミナーを主催し、テレビや新聞で話をしながら、その陰で継続調査の資金繰りに奔走している。やはりどんなに知れた遺跡であろうと、そんなに簡単に発掘調査ができるはずがないのだ。

　それにしてもビョルクエー島遺跡の設備でとにかく羨ましかったのは、トイレである。フーヴゴーデン遺跡には、簡易トイレすらなかった。これを知らなかった私は初日、トイレを探して辺りをうろうろしていた。

　すると参加者の中でいちばん格好いいと人気があった大学院生が、大声で、

「小︀?　大︀?　紙が欲しいの?」

と聞いてきたのである。皆がいっせいに私の方に顔を上げた。彼はそれから続けて平然と、

「小なら、湖ですれば?　ああ、水着じゃないのか。じゃ、あっちの林にしなよ。こっちの藪にはかぶれる草があって、お尻に水ぶくれができちゃうから」

と、大声のまま親切に教えてくれたのだ。

皆が水着姿なのは、このためだったのか!　私は愕然とした。ちなみにスウェーデン人の名誉のために申し上げておくと、彼らは普通ならその辺りで用を足したり、堂々とトイレの話をしたりする人種では決してない。しかしカールソン助教授の言葉のとおり、「ここではいろんな設備の賃貸料は調査費に回したから、あとは適当にやってね」ということだったのである。

さて、フーヴゴーデン遺跡は今世紀初頭、スウェーデン初の女性考古学者といわれるハンナ・リュードがアーデルスエー島長期調査の一環として手をつけたことがある。その時リュードは「王墓群」の外れにある「スコピントゥル」(築造 AD900 ころ)を、共同研究者ベンクト・トーデマンはアルスネー・ヒュース周辺を調べた。そしてアルスネー・ヒュースは少なくとも、後期鉄器時代の墳墓を潰して建てたらしいことがわかっている。丘の形態からしておそらく大きなロングハウスとその側に付属建築物、そして丘の隅に墳墓があったのだろう。丘からは緩やかな斜面が、桟橋まで伸びていたよ

コラム

うだ。

　フーヴゴーデン遺跡の大部分は、青銅器時代にはメーラレン湖の中だった。前期鉄器時代にもまだ湿地だったはずで、およそ可耕地ではなかっただろう。つまりここは、後期鉄器時代になって突然現れた大豪邸なのである。カールソン助教授によれば、フーヴゴーデン遺跡では西暦750年以前の遺物はひとつも発見されていない。そのうえヴァイキング時代以降は中世の短期間国王居館として使われただけで、それ以後誰も住んでいない。

　要するにこの遺跡は上に被る土もほとんどないが、文化層も非常に薄いのである。そのうえ前にも書いたように、西トレンチではアルスネー・ヒュース建築時の撹乱が激しい。さらにとくにスウェーデン中部以北では遺構の露出度が非常に高く、後期鉄器時代の住居址などはただ眺めるだけでもはっきりとその平面図を描けるほどだ。最北部のラップランド地方になると、新石器時代の住居址すらいとも簡単に目にとまる。こういう状況にあるのだから、遺構に残されていた珍しい遺物は、長い歴史のなかで誰かが見つけてもっていってしまったはずなのである。

　ある日、カールソン助教授が嬉しそうにプラスチックの箱をもってきた。

「見て見て、さっき南トレンチで出たんだよ」

　何も出ない作業に飽きてきていた私たちは、いっせいに助教授の手のなかを覗いた。箱のなかには、直径5センチほどの小さな青銅

製ブローチがちょこんと乗っていた。真ん中には楕円形の穴が空いて、そこにかつて宝石が置かれていたことがわかる。ボッレ様式だろうか、美しく絡みあった曲線の透かし飾りがその穴の周囲を覆っている。ブローチはまだ大部分が青々と輝いていて、謎めいた気品があった。

「あっちでは、こんないいものが出るのか」

学生の1人がつぶやいた時、ブローチの魔力は切れた。私たちは、またため息をついて何も出ないトレンチに座った。

さて午後3時ごろになっても何も出ないトレンチで同じ作業を淡々と続けていると、さすがのスウェーデン人も飽きてくる。そのうえ午後3時といっても今は夏、太陽は夜遅くまで沈まないのだから、気温もあまり下がってはくれない。さらに遺物もほとんど出ないので、体も心もかなり疲れてくる。しかし彼らは休憩をとらない。そこで何となく他人にちょっかいをかけたり、土を濾過しに行っていつまでもそこにボーッと立っている人が増える。

ところが、西トレンチには仕切り屋 OB のイーカ（ウルリーカの略称）がいた。彼女は土をバケツに入れて濾過しに行ったまま、いつまでもそこに立っている参加者には、

「まだ濾してるの？」

と声をかけ、トレンチのなかで昨日のテレビ番組の話をしている集団には、

「もう少し掘り下げましょうか」

コラム

と新たな作業を薦める。憎まれ役を進んで買っているイーカは、自分は方眼紙を片手に指図するだけで、蒸し暑いトレンチには絶対こもらないと評判が悪かった。

しかしいつもカリカリしているような彼女には、彼女なりの思いがあったのだ。ある日一緒に昼食をとった時、イーカがつぶやいた。

「大学はね、お金もないし、授業がある時は掘れないし、かと言って学生は夏休みが欲しいから、本当に短期間しか発掘調査ができないのよ。秋になればあっという間に寒くなって、暗くなって、発掘なんか全然無理。それにこのまま何も出ないでこの調査が終わったら、もう来年の継続は難しいの。日本では、冬も発掘できるんでしょうね」

「場所によるけど、東京ではするよ。寒いけど、雪はほとんど降らないしね」

私がそう答えると、彼女は大きなため息をついた。

やがて5時ごろになると、誰ともなく作業を終えて帰途に着く。私は最初の日にてっきり「今日はこれまでにしましょう」という声がかかるのだろうと思ってトレンチにこもりつづけ、5時半ごろになって、

「おい、まだ掘ってるのか！　もう最終バス出ちゃうぞ！」

と声をかけてもらった。それ以降は私も気をつけるようになったが、バスで帰る集団の誰かが教えてくれるようにもなった。最終バスが6時前に出ると、自家用車がない限り家には帰れないのである。

道具を研究所へ返しにいく大学院生は車に乗り、とっとと去っていく。彼らは院生といっても給料をもらって研究をしている人たちで、経験豊富な年配の方々が多い。遺物の管理や整理作業、調査報告書の作成などはすべて彼らが仕切り、外部の人間には関わる機会がほとんどない。これはしかし、どこでも当然なことだ。

　プロジェクトの資金が足りないせいか、労働力がないのか、この時の調査報告書は出版未定である。もっとも、スウェーデンでは調査報告書が10年もかかることは珍しくなく、報告書がまったく出版されない調査もままある。

　代わりにというわけではないが、これより2年ほど前カールソン助教授がおもしろい論文を発表した。助教授はストックホルム大学に移る前はゴットランド島で研究していたから、これがスウェーデン中部に関する彼の初めての論文ということになる。この論文のなかで助教授はエーリク、ビョルン、ウーロヴという3人のビルカ王とアーヌンドという王族が文献に載っていることを挙げ、これはそれぞれエーリク勝利王、スチュールビョルン（エーリク勝利王の共同統治者ウーロヴの息子。フューリス川の戦いでエーリク勝利王に廃された）、ウーロヴ従属王、アーヌンド・ヤーコブ王のことであり、ビルカ王朝とシグトゥーナ王朝は同一だったという新説を発表したのである。

　助教授のこの論文は、視点がおもしろいということで評判になった。もっとも、私はこれには賛同できない。たとえばビルカの王ウ

コラム

ーロヴは『聖アンスガル伝』に記載されているのだから9世紀に存在した人で、一方のウーロヴ従属王はその硬貨鋳造年代などからして1000年ころの王だ。ただビルカ王朝とシグトゥーナ王朝の王の名前が非常に類似しているということは、この二者が同一系統だったことを示唆するひとつの指標にはなるのではないかと思う。おそらく助教授が本当に言いたいこともその辺りまでで、あの思い切った結論には、行き詰まったまま久しいビルカ研究に一種の新風を吹き込みたいという意図が隠されているのではないかと、勝手に解釈している。

　いずれにしても、掘らなければ進まない話が多すぎる。いつかはあの「王墓群」を掘りたい。それは私だけでなく、フーヴゴーデン遺跡に興味ある人々全員の願いだろう。その時はまたあのバスにぽつんと乗って、炎天下トイレも行かずに掘りつづけたい。

　1994年夏、3年半ぶりの、しかし何も変わっていない私とスウェーデンだった。

第 4 章　征服と植民の時代

1　王位簒奪

　掠奪の時代につづいて、怒涛のような植民と征服の時代が到来した。海外のヴァイキング活動は、10－11世紀で頂点に達する。そこでこの章では、彼らが各地に残した足跡をたどってみることにしよう。

　イングランドにデーンローを獲得したヴァイキングは（前章 1 参照）、長い間ウェセックス王と小競り合いをつづけた。アルフレッド大王が建設を開始した一連の「ブルフ」とよばれる要塞網は強固で、ヴァイキングはこれらを打破することができなかったのである。さらにアングロサクソン人の反撃だけでなく、ダブリンから新参したノルウェー系ヴァイキングとの内輪揉めもあって、デーンローのデンマーク系ヴァイキングたちは消耗していった。やがて919年、デーンローの核であるヨーク王国の支配権は、デンマーク人からダブリンのノルウェー人へ渡る。

　ヴァイキング侵略と併行して勢力拡大をつづけたウェセックス王国は、このときまでにイングランドを事実上統一していた。そして927年、イングランド（ウェセックス）王アセルスタンがヨーク王

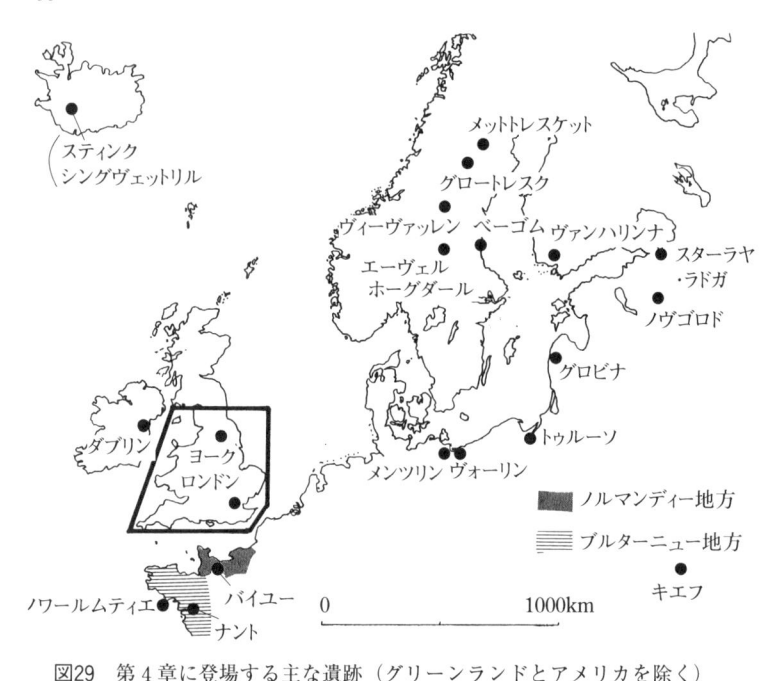

図29　第4章に登場する主な遺跡（グリーンランドとアメリカを除く）

国征服に成功する。ダブリン・ヴァイキングは壮絶な復讐戦の末敗れ、アセルスタンの死去までヨークを奪回することができなかった。

だがアセルスタンの死後一時的にヨークを取り戻したヴァイキングは、またもや内乱によって自滅する。そして954年にヨーク王国最後のヴァイキング王エーリク「血斧王」が戦死し、ここでイングランドのスカンディナヴィア人支配はいったん幕を閉じるのである。デーンローについては、次の項ですこし詳しく取り上げよう。

デーンローを失ったヴァイキングは、980年からふたたび掠奪に精を出した。991年には90隻以上の大船隊が到来し、1万ポンドのデーンゲルドを要求している。この船隊にはノルウェーのオーラヴ

・トリュッグヴァソンと、デンマークのスヴェン「叉髭王」が乗っていた（第5章1参照）。この大軍はその後さらに1万6000ポンドものデーンゲルドを獲得した上、イングランド大飢饉のためデンマークに帰国する1005年まで、長々とこの国を悩ませたのである。

　ところが翌1006年、ヴァイキングはふたたびこの島にやってきた。イングランド王エセルレッド「不用意王」はこれからの6年間、イングランド国民に新しい税を導入してその収入でスカンディナヴィア人傭兵を雇ったり、敵方を懐柔したり、フランスのノルマンディー公と縁戚関係を結んで防衛線を築こうとしたり、各地の防備を強化したりと、さまざまなヴァイキング対策を必死に講じた。しかし長く重い掠奪の被害は、イングランドをぼろぼろに疲弊させてしまった。

　そして1013年、先に大量のデーンゲルドを獲得して帰国したスヴェン叉髭王が、今度は征服という最終目標を掲げて上陸した。エセルレッド不用意王は敗れてフランスのノルマンディーに逃亡し、これによってついにデンマーク王によるイングランド征服が成功したのである。スヴェンの死後エセルレッド不用意王は帰国して後継者クヌーズを追い出すが、1015年クヌーズは大船隊を率いて再来し、結局デンマーク、ノルウェー、イングランドの三国を支配する「大王」として君臨することになる。この後のデーン朝イングランドについては、第5章で話をつづけることにしよう。

　一方隣のアイルランドでは、9世紀後半から40年ほど平穏な時が流れていた。しかし914年、フランスのブルターニュ地方からノルウェー系ヴァイキングの大船隊が到着する（本章の4参照）。彼らはダブリンを再建・発展させ、アイリッシュ海沿岸をほぼ手中に収

めると、919年、主導者ラグナルがデンマーク人のヨーク王国を奪取した。しかしその後ダブリン・ヴァイキングの目がデーンローに向いてしまった上、アイルランド諸王たちの反撃にあい、結局ヴァイキングのアイルランド征服はかなわなかった。

かつての研究者たちは、それまでのアイルランド社会は後進的で、ヴァイキング到来によって発展したというように、ヴァイキングの影響を過大評価してきた（Doherty 1998）。たしかにダブリンはヴァイキングによって非常に豊かな都市となった。しかし最近ではアイルランドで彼らの影響が強かったのは「都市国家」ダブリン周辺だけで、スカンディナヴィア的要素はたしかに多方面でアイルランド発展の契機にはなったが、発展それ自体を担ってはいないという説が主流になっている。

実際、アイルランドのおもな王国はヴァイキングに征服されなかった。そしてこれは諸王がヴァイキング襲撃を最初から深刻に受け止めたこと、各国上層部間の文化的・政治的アイデンティティが強かったため協力体制がとれたことが大きな要因となっているのであって（Ó Corráin 1998）、アイルランドが後進的すぎてヴァイキングの征服欲を駆りたてなかったわけでは決してないのである。

ところでイングランドとは異なり、ヴァイキング到来時のアイルランドには都市がなかった。このためノルウェー人は自分たちがもつ交易地・商業地の概念をもちこんで、処女地にダブリン建設を開始した。ここは当初から土塁が築かれたようだが950年ころ建て替えがあり、さらに12世紀には土塁が石塁に建て替えられている。この流れは、スカンディナヴィア商業地や町のそれとよく似ている（第3章5参照）。この町は早い時代から道路に沿って区画整理がなさ

第4章 征服と植民の時代 99

れ、各条には8.5m×5m弱の家とこれよりさらに小さい付属小屋があったようだ。一区画自体が狭いため、各敷地は空白地をほとんどもたなかった。

ダブリンにはビザンツ帝国からの絹やバルト海からの琥珀などが入る一方、輸出品としてはアイルランド人奴隷が重要だったらしい。奴隷はスカンディナヴィア本国だけでなく、需要が大きかった回教国まで運ばれたとみられる。また木材も輸出されたようで、たとえばシェラン島のスクレレウ湾で発見された船のひとつは、11世紀半ばにアイルランドで伐採されたオークでできていた。

ダブリンはそのまま継続し、現在もアイルランドの首都として存在している。ノルウェー人は本国ではヴァイキング時代末期まで形

図30 フィシャンブル・ストリート遺跡（ダブリン）の層序による復原図（Ambrosiani and Clarke 1991より）

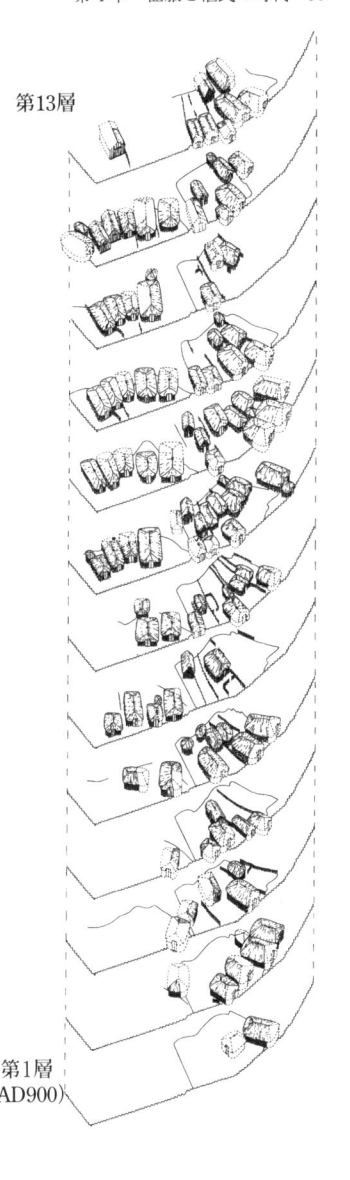

第13層

第1層（AD900）

成しなかった都市というものを、植民地アイルランドでいち早く試作・成功させたのである。

2　薄い足跡

　では70年もの間スカンディナヴィア人支配を受けたデーンローとは、どういう場所だったのだろうか。じつは、ここでヴァイキングの影響を探すのは簡単ではない。

　一般にデーンローでのスカンディナヴィア人痕跡の少なさは、彼らの地元への同化が非常に早かったためといわれる。しかしこれは、スカンディナヴィア人入植者の数が想像以上に少なかったせいかも知れない。また民族移動以前のアングロサクソン人とスカンディナヴィア人はごく近い'親戚'だったため（第2章1参照）、ヴァイキング時代でもこの二者の伝統文化は多くの点で類似している。つまり地元文化と新参文化の区別自体がむずかしいのである。さらに悪いことに、デーンロー内部の状況を語ってくれる文字資料もない。もっとも年代記や聖人伝が多く残るイングランドで、この時期この地域には文献記録が残されていないことこそがデーンローの存在を如実に示している。

　デーンローでもっとも顕著なヴァイキングの影響は、スカンディナヴィア語系地名の多さだ。この点は早くも13世紀から注目され、現在の研究でも重要な視点となっている。また数自体は少ないが、スカンディナヴィア型異教墳墓もある。さらにスカンディナヴィア様式がはっきりと現れている出土遺物も少なくない。この様式はやがて地元文化と融合し、「アングロ・スカンディナヴィア様式」と

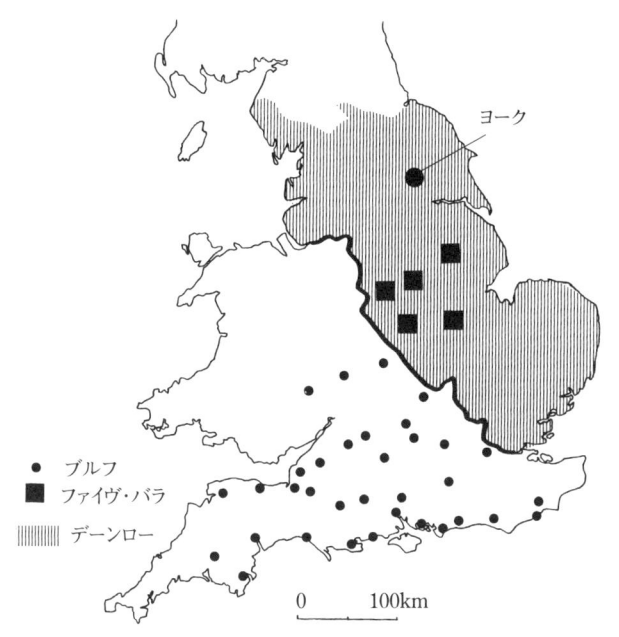

図31 イングランドのブルフとファイヴ・バラ（網掛け部分はデーンロー）

よばれる新たなデザインも生み出した。その上この時期に造幣、教会活動、土器製造量などが低下する点も、スカンディナヴィア人支配に結びつけられている（Hinton 1990）。

もともとデーンローとなった地域では、ヴァイキング到来以前から土器製造が盛んだった。イプスウィチ（Ipswich）、スタムフォード（Stamford）、セットフォード（Thetford）などの商業地でつくられた土器は、各型式の標準土器にもなっている。とくにスタムフォード土器は磁器のような美しい仕上がりで、なかには実際釉薬を使用したもの、鉄の赤い色で文様が描かれたものなどもある。スタム

フォード土器にだけみられるこれらの手法は当時ヨーロッパ大陸にはあったが、イングランドにとってはまったく新しいものだった。

製造量が減ったとはいえ、土器に明白な変化や新しい手法がみられるのはすべてヴァイキング入植地であることから、土器とヴァイキングは深い関係にあったらしいといわれている。だがデーンロー産の土器はスカンディナヴィアでほとんど出土しないため、ここでつくられた土器はどこか他の地域、それもおそらく地元周辺の狭い地域で需要があったのだろう。

デーンローでは、「都市国家」ヨークが突出した地位を保っていた（次項参照）。また『アングロサクソン年代記』でデーンローの「ファイヴ・バラ」という都市連合として言及されるリンカーン（Lincoln）、ダービー（Derby）、レイスター（Leicester）、ノッティンガム（Nottingham）、スタムフォードの五都市も、相応の規模があったはずだ。たとえばリンカーンは6000人近くの住人を抱え、郊外の町も取り込んで帯状に発展していったことがわかっている。しかし非常に豊かだったヨーク以外のほとんどの都市では住民が貧窮していたらしく、発掘された人骨は栄養状態がきわめて悪いものが多い。

ヴァイキングは、デーンローの都市創設を担ったわけではない。彼らはローマ時代の廃墟や、衰退した都市を上手に再生利用したのである。そしてスカンディナヴィア人は政治的にも宗教的にも、イングランドのシステムにさっさと順応してしまった。詰まるところヴァイキングがこの地に残した足跡は、文化融合に集約されるといっても過言ではないだろう。

3　庶民の匂い

　デーンローの中心地ヨークは西暦79年ころから現在までつづく、非常に長い歴史をもつ都市だ。ここはもともとローマ植民地ブリタニアの中心地で、当時はエボラクムとよばれていた。ローマ崩壊後はアングロサクソン人が住みはじめ、やがてノーサンブリア王領として土器製造が盛んな商業都市となる。しかしこのころの人口は、多くても2000人ていどだったらしい。ヨークはヴァイキング時代になると成人だけで3000人を突破し、1066年の調査では人口1万人に膨れ上がっている。

　この都市を占領したヴァイキングは、当時まだ残っていたローマの市壁を補強し、ローマ時代石造建築物の石を使って新しく教会を建てた。一方で道路網は変更し、商業の中心地も移動した。さらに区画分けを実施し、10世紀初頭には少なくとも2カ所に造幣所を設けた。このとき彼らが名づけたスカンディナヴィア語の道路名は、現在も多く残っている。ちなみにヨーク自体も、当時スカンディナヴィア人はヨールヴィーク（Jorvik）とよんでいた。

　ヨークは910年ころから建物の密度が上がったが、職業ごとの住み分けはされなかった。この都市では非常に多様な手工業が営まれたため、町のあちこちでいろいろな音が聞こえ、さまざまな匂いがしたことだろう。しかし狭い区画に押し込まれるようにして住んでいた住民は、この汚染や騒音をひどく迷惑がったに違いない。町の中心だったコッパーゲイト通りでは975年ころ区画の大改造がなされたが、このとき金属加工業の人たちはおそらく公害問題のため、

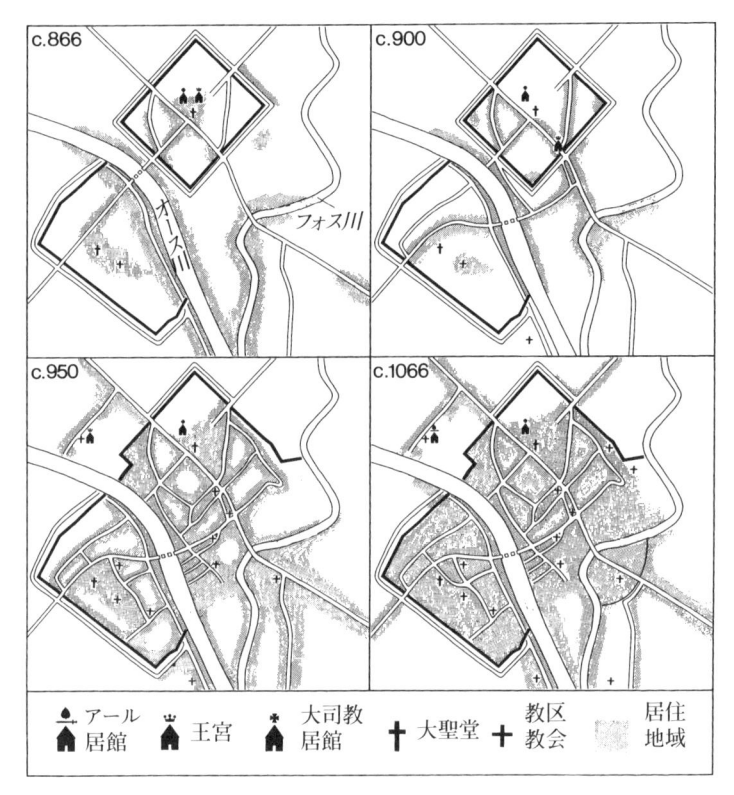

図32　ヨークの変換（Hall 1994より）

町外れに移転している。

　ヨークでは、ありとあらゆる手工業が行われた。考古資料が示すだけでも土器製造、金属・ガラス・木材・織物・皮革・角骨・琥珀や黒玉などの加工がなされ、さらに石碑や木材、金属製品などに装飾を施す芸術家的な専門職人もいた。ここでつくられた製品はブリテン島のほかアイルランド、ヘブリデス諸島などの島嶼部、スカン

図33 ヨーク土器。中央の土器の高さ160mm（コッパーゲイト16－22番地遺跡出土）

ディナヴィア、ドイツやフランスなどのヨーロッパ大陸からの舶来品と取引され、はるかビザンツ帝国からは絹、紅海やアデン湾からはコヤスガイも入ってきた。

発掘調査が非常に盛んなヨークで、とりわけ有名なのがコッパーゲイト16－22番地遺跡だ。ここはこの時期の仕事場との関係で金属加工がわかる、ブリテン島唯一の場所でもある。出土遺物のなかでとくに鉄製品は手法・精度ともにすばらしく、現在一般的に普及するそれよりも硬度が高かったとすらいわれる（Ottaway 1992）。

コッパーゲイトでは通りに直角になるよう長方形の地条が配さ

れ、各条は溝と柵で区切られていた。条の長さは45.5mと非常に長い。各条には通りに面して家があり、この家を通らないと裏庭に出られない。裏庭には井戸、トイレ、ごみ捨て場などがあったが、庭を貫くように木板の道が敷かれているところや、トイレに木製便器が据え付けられていた家もあった。裏庭ではまた多少の家畜が飼われたが、各条は川に面していたため、建設当初は川で釣りもしたようだ。しかしまもなく川は汚染されて魚がいなくなり、裏庭もすぐにごみで一杯になってしまったらしい。ほとんどの家で、最終的にはトイレすらごみ溜めに変貌してしまっている。じつはコッパーゲイト通りはどこもかしこもごみの山だったといっていいほど、廃棄物の山が多く見つかっているのだ。この時代ですら、ごみは深刻な問題だったのである。

　デーンローの他の都市とは対照的に、ヨークではこの時期の都市としてはめずらしいほど貧困が感じられない。発掘された人骨には極度の栄養失調がほとんどみられず、とくに肉不足はまったくなかったようだ。食肉としては8割方がウシで、ブタも認められる。その他ニシン、ウナギ、鯉なども食べたし、主食としてはパン、オーツ麦を主とするシリアルなどがあった。貨幣流通度も高かったと思われるが、その貨幣には片面にキリスト教の、その裏に異教の絵柄が打刻されていた。

　ヨークには、ヴァイキング時代の日常生活を生き生きと浮かび上がらせてくれる貴重な考古資料が溢れている。これについては遺跡の質だけではなく、その調査水準が高い点も評価されるべきだろう。この町にあるヨールヴィーク・ヴァイキング博物館では当時の庶民生活を実物大で復原しているが、ここでは家畜の声や鎚を打つ音、

すえたごみの匂いまで再生している。

4 明　暗

　フランス（西フランク王国、843 – 1789）のヴァイキングたちも、イングランド同様領土を獲得した。9世紀後半以降の領土割譲はフランス側が防衛体制を強化しはじめた流れの一環だが、ヴァイキングをもってヴァイキングを制するという発想はあまりうまく機能しなかったようだ。もっともヴァイキングたちにとってはおいしい掠奪行為をやめてまで、フランスが要らないからくれたような土地にしがみつく義理はなかった。

　911年にはシャルル単純王（在位898 – 923）がロロ（北欧語では「歩く者」フロールヴル）というノルウェー人を中心とする一団に、ノルマンディー地方の東部を割譲した。この集団はノルウェー人が指揮していたものの、デンマーク人やノルウェー系アイスランド人がほとんどだったらしい。ロロは領土獲得後も活動をつづけ、まもなくフランスの奥深くまで進撃した。933年にはその息子ギヨームがコタンタン半島を占領、これによってヴァイキングは今日のノルマンディー地方ほぼ全土を掌握したことになった。領土割譲による妥協案は、イングランドだけでなく、この国でも裏目に出たのである。

　ヴァイキング支配下のノルマンディー地方は政治的にイングランドやデンマークとのつながりが深かったが、それはもともとこの辺りにはフランス人住民が非常に少なく、スカンディナヴィア人支配に対する強力な抵抗がなかったかららしい。それでもノルマンディ

ーのヴァイキングたちは10世紀中ごろにはキリスト教に改宗し、非常に早く「フランス化」した。この地方はやがて繁栄し、ノルマンディー公国となっていく。

デーンロー同様ノルマンディー地方でもヴァイキングの痕跡は非常に薄く、遺跡としては数カ所の異教墓と土塁址くらいしか認められない。彼らの名残は、おもに地名に見出される。

ノルマンディーには、おそらくフランスでもっとも有名なヴァイキング関連遺物であるバイユー（Bayeux）のタペストリーがある。これは11世紀の作で、長さ70m、幅50cmという非常に長いものだ。タペストリーは8色に彩られ、「バイユー織り」とよばれるスカンディナヴィアでよくある手法で織られている。画像の内容はウィリアム公によるイングランド征服なので、このタペストリーはヴァイキングではなくその子孫の姿であるわけだが（第5章1参照）、構図や技法、そして描かれている船や衣服もスカンディナヴィア様式で、ノルマンディー公国がスカンディナヴィアと文化的に非常に深い関係にあったことを如実に語っている。このタペストリーには人物626人、馬202頭、船41隻、建物37軒が織られ、とくに当時の武具、戦略、造船、航海技術などについて貴重な情報を提供してくれる。

フランスでヴァイキングが削奪したもうひとつの領土は、ブルターニュ地方である。ここには、昔からフランスと折り合いの悪いブレトン人（ケルト系民族）が住んでいた。このためブルターニュの中心地ナント近くにヴァイキングの基地ができ、ブレトン人とヴァイキングが戦闘をくり返すようになると、フランス側はただ高みの見物をするだけだったのである。ブルターニュを襲ったヴァイキングは、アイルランド再上陸を目指すノルウェー人だった。

図34　バイユーのタペストリー（部分スケッチ）

　914年、ブルターニュはついにヴァイキングの手に落ちた。その後すぐに彼らがここを基地として、アイルランドへ乗り出していったことは前述した（本章の1参照）。しかし936年にブレトン人主導者「巻髭の」アランが亡命先のイングランドから援軍を連れて戻り、ヴァイキングを追い出してこの地をふたたびブレトン人のものにする。

　ノルマンディーとブルターニュはどちらもスカンディナヴィア領となりながら、まったく異なった方向に進んだ。ノルマンディーではそのまま、スカンディナヴィア人の子孫たちが繁栄を謳歌した。一方、ブレトン人再征服後のブルターニュはフランスとの関係を深め、スカンディナヴィアの匂いはまったくなくなってしまうのである。

　ブルターニュ地方にもヴァイキングの足跡はとても少ないが、グロワ島（Groix）に残る火葬の船葬墓は、当時ここのスカンディナ

ヴィア人たちがキリスト教に改宗していたことを考えるとその存在自体がおもしろい。この地方でもデーンロー同様、914年から936年の間文献資料がまったくなくなる点、そして地名にヴァイキングの痕跡が現れている。

5　アメリカ発見

　ヴァイキング活動を冒険という観点から見ると、西へ向かったヴァイキングたちほどおもしろい存在はない。そして彼らの冒険に近い航海には、他のヴァイキングたちとは異なった特徴が2つある。まず大西洋に漕ぎ出したヴァイキングの目的は掠奪でも征服でもなく、植民ただそれだけだった。次に、一連の植民を目撃した第三者による文字資料がまったくない。これらはしかし当然の話である。何しろ彼らが発見し、植民した土地には掠奪すべき国も都市もなく、人すらほとんどいなかったのである。

　ノルウェー人を中心とする西方へ向かったヴァイキングたちは、まず9世紀半ばころオークニー諸島やシェトランド諸島（いずれも現在イギリスに属する）、フェーロー諸島（現在デンマークに属する）に定住する。これらの島々は農耕に適し、ノルウェーとブリテン島やアイルランドを結ぶ中継点としてもいい位置にあった。

　これら島嶼部からさらに西には、広々とした大西洋が広がっている。9世紀後半、その大西洋に浮かぶアイスランドが発見されるとまもなく、ノルウェーからここに大量移民がなされた。アイスランドについては次章ですこし詳しく紹介するためここでは割愛するが、スカンディナヴィア人はこの島に落ち着くと、さらに西を目指

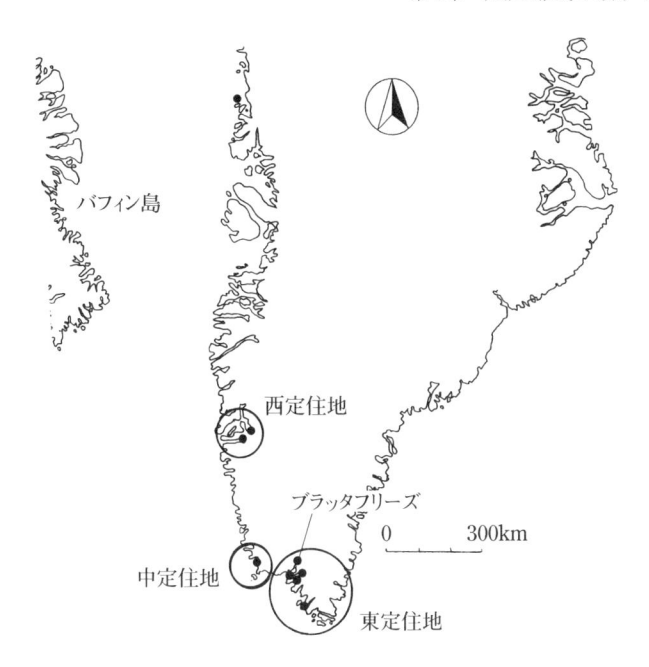

図35 グリーンランドの主なヴァイキング時代スカンディナヴィア人遺跡

すことになる。

　10世紀前半、アイスランドへの航路を外れてしまったノルウェー人がグリーンランドを見つけた。985年、殺人の罪でアイスランドを追放された「赤毛の」エイリークは、25隻の船でこの噂の土地へ向かう。そしてこのうち14隻がグリーンランドへ到着した。こののち、おもにアイスランドからの入植者が次々とここへやってくることになる。

　グリーンランドの植民地はだいたい東、中、西定住地の3カ所にわけられ、最大の東定住地には450、西には約100の農場があったと

みられている。つまりここへの植民は、かなり大規模なものだったのである。

9世紀から12世紀のグリーンランドは温暖で、現在不毛の大地でも飼料用の穀物栽培や家畜飼育ができた。とは言っても土壌が豊かなわけではないから、やはりおもな食糧はアザラシ、とくにタテゴトアザラシだったようだ。

グリーンランドの東定住地には、ブラッタフリーズ（Brattahlid 現クァクッシアルッスーク Qaqssiarssuk）という注目すべき遺跡がある。3つの農場址と集会場、1000年ころ建てられた教会址が残るこの遺跡は「赤毛の」エイリークの農場といわれ、教会址はエイリークの妻が建てた私有教会と考えられている。母屋はこの時期大西洋の島嶼部にも典型的な、分厚い壁と芝土屋根をもっていた。

「赤毛の」エイリークがグリーンランド植民をした数年後、グリーンランドへの航路を外れてしまったアイスランド人が、偶然「森の地」（カナダのラブラドル半島と同定）と「平らな地」（同バフィン島と同定）を視野に収めた。おそらくこれが、ヨーロッパ人によるアメリカ大陸最初の発見だろう。これから10年から15年ののち、「赤毛の」エイリークの息子である「幸運な」レイヴが「ワインの地」（カナダのニューファンドランド島と同定）に上陸、越冬してグリーンランドへ戻った。そしてその翌年にはレイヴの兄弟ソルヴァルドが船団を率いてワインの地へ向かったが、彼はここで「スクレーリング」（アメリカ大陸先住民のこと）と揉め、殺害されている。その数年後には100人を超える人びとが定住地を設立したが、それも3年で駄目になった。アメリカ定住の試みは他にも何回かなされたが、どれも成功しなかったようだ。

第4章 征服と植民の時代 113

A 住居
B 鍛冶小屋
C 炊事場
D 作業小屋

図36 ランス・オ・メドオ
遺跡

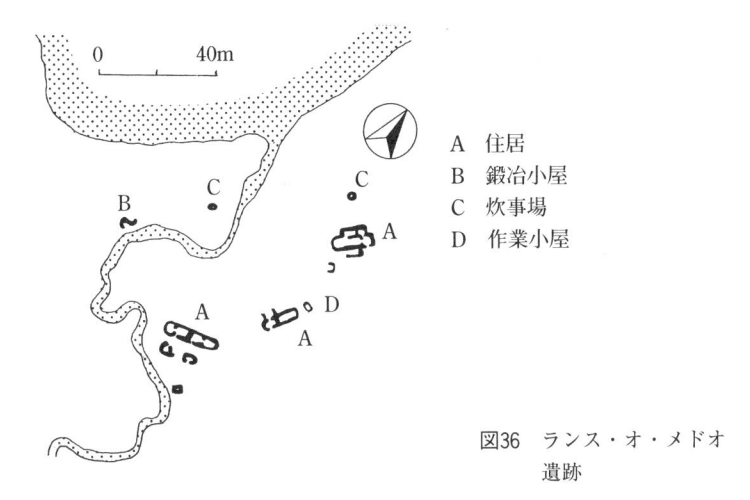

　この話はどれも中世アイスランドで書かれたサガにある。当時のヨーロッパ人がグリーンランドやアメリカ大陸を知っていたはずはないので、この文献には信憑性がある。しかしそれでも「それは、本当にアメリカ大陸だったのか？」という疑問をもつ人も少なくないだろう。

　実は、アメリカにもヴァイキングの残した足跡はあるのだ。カナダのニューファンドランド島ランス・オ・メドオ（L'Anse Aux Meadows）遺跡が最たる例である。ここでは川に沿って住居や作業小屋が弓状に配置され、川の対岸には鍛冶小屋があった。この鍛冶小屋ではとくに船を修理するための鉄鋲をつくったらしいが、当時この地域の先住民はまだ鉄を知らなかった。遺構の形態や出土遺物も、ここがヴァイキング時代のスカンディナヴィア人居住地だったことをはっきりと示している。

　このほかにもカナダやアメリカ合衆国では11世紀ノルウェーの銀

貨など、ヴァイキングの遺物がいくつか発見されている。しかしこれらは皆先住民の遺跡から出土しており、物々交換の結果なのか、掠奪か、あるいは定住地破棄後にたまたま拾われたものなのかわからない。スカンディナヴィア人がアメリカ定住に失敗した理由には、先住民との好ましい関係が確立できなかった点、物資補給航路が悪天候で簡単に切断され得た点などがあげられている（グラハム＝キャンベル編 1999）。

6　火と氷の島

　北大西洋の孤島アイスランドは、西方植民がもっとも成功した例である。ここは今も有名な火山国で、また意外にも、この島のどの部分も北極圏に入らない。つまり、名前ほどは寒い場所ではないわけだ。しかし同時に山岳部にはいまだ氷河が残っており、島全体が流氷限界線内にすっぽり収まっているのもたしかだ。アイスランドは、火と氷の島なのである。

　ここは8世紀ころまで無人だったが、他の大西洋の島々同様このころケルト人の修道僧たちが隠遁したといわれる。9世紀半ばにノルウェー人がこの島を発見するとまもなく、ハーラル美髪王の圧政から逃れるため、大勢のノルウェー人がアイスランドに向かった。最初の定住者は現在アイスランドの首都レイキャビクに居を構えたらしい。植民は10世紀半ばまでには一応落ち着き、島の人口はこのときまでに2万人を越えていたという。

　ところが植民開始後まもなく島の南西部にあるヘクラ火山が爆発し、これ以北一帯に入植した人びとを悩ませた。もっともこの火山

9世紀

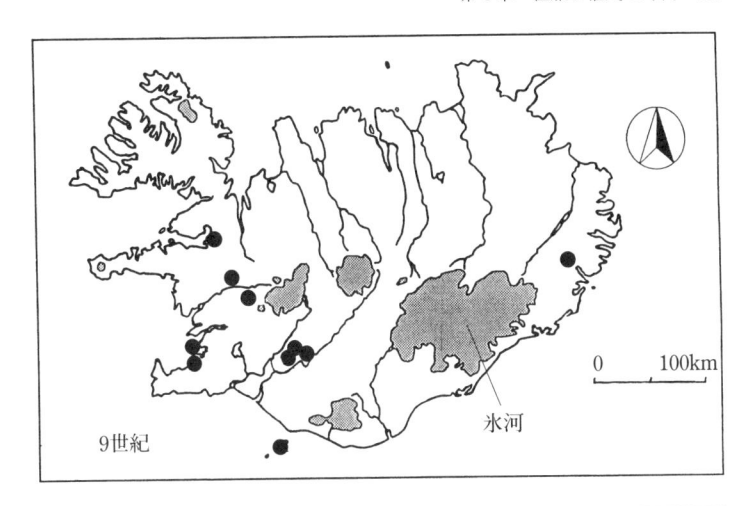

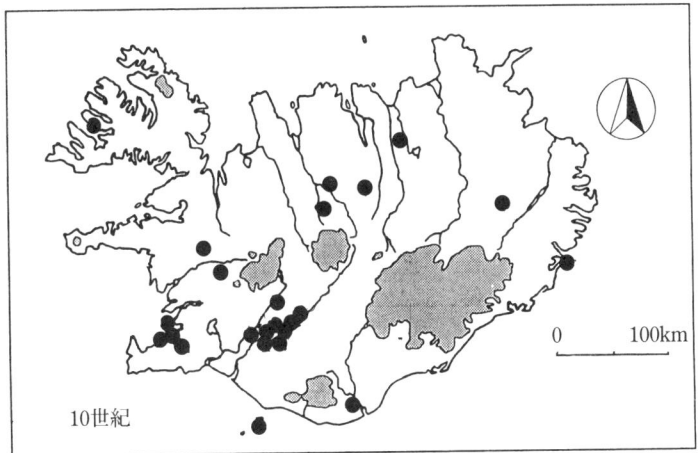

氷河

0　100km

10世紀

0　100km

図37　考古資料によるアイスランド定住地の分布

噴火は、植民を断念させるほどの規模ではなかった。たとえばこれより20kmほど北にあるスティンク（Stöng）の農場群址にはロングハウス、教会、墓地、鍛冶小屋などがあり、かつてはヘクラ火山噴

火によって破棄されたといわれてきた。しかし近年の再調査で、ここは13世紀まで使用されていたことがわかっている。

ところでアイスランドの特徴のひとつは、処女地に同じような慣習をもった人びとが住み着いたことによって、最初から効率的な行政組織をつくり上げ、機能させることができた点である。たとえばスカンディナヴィアで知られていたシング（集会）制度は、アイスランドでは早くも930年以降各地域ごとに催された。シングの最上位にあるアルシングとよばれる総集会は、シングヴェットリル（Thingvellir）という場所で毎夏開かれたが、その歴史は実に19世紀までつづいていた。ここでは西暦1000年の集会でアイスランドのキリスト教化が、また特別に1944年にはアイスランド共和国独立が決定されている。ただしシングヴェットリルでは、ヴァイキング時代当時をしのばせる考古資料は出ていない。

この島のもうひとつの特徴は、サガを始めとする中世北欧文学の核だったという点だ（第6章1参照）。これらの文献は書かれた当時、つまり植民後数百年経ったときの政治的背景を背負っているのだから、どこまでヴァイキング時代の歴史的事実を表しているかという問題はある。書かれた内容が考古資料と食い違う点も少なくない。たとえばアイスランド入植は870年ころから始まって、930年ころまでに完了したというが、ヴェンデル期のスカンディナヴィア型住居址らしいものもあるし、また930年以降も入植はつづいていた。

しかし内容を100％鵜呑みにするのでなければ、これらの文献はとても有用だ。たとえば『植民の書』には9、10世紀の430人に及ぶアイスランド入植者とその家族、出身、入植地が明記されている。この内容が全面的に信頼できるものではないとしても、これによっ

第4章 征服と植民の時代 117

て未調査の遺跡所在地を推測したり、定住地の規模と居住者の社会的地位を比較したりと、間接的に依拠できることは多いのである。

ところでアイスランドは最初スカンディナヴィア本土との関係が深く、やがてそれが途絶えていったと一般にいわれる。この島が樹木すらろくに生えない不毛の地なので、入植者たちは生活が軌道に乗るまで、外から物品を仕入れなければならなかったからだというわけである。

しかしこの説には間違いが2つある。まず日常品はほとんど島内補給で、とくに初期定住地では輸入品より地元生産品の方がはるかに多い。むしろこのころの遺物には、住民が交易にかかわっていたと思わせるものがほとんどないほどだ。ところがヴァイキング時代末になると、輸入品が増加していく。つまり考古資料は、上記の一般論と真っ向から対立しているのである。

もうひとつの間違いは、植民当初のアイスランドは白樺や柳、ナナカマドなどの森に覆われ、スゲやコケモモなどが地面を埋める、緑豊かな島だったことだ。現在森は島の1％以下、植生は25％以下しかないが、850年以前には白樺だけでも全島面積の25％を占め、植生は65％もあったことがわかっている。最初の入植者たちは自生する樹木で家を建て、火を燃やし、オオウミガラスやセイウチ、アザラシ、渡り鳥、サケ、マスなどを食べていたのである。

ところがこの島では、9世紀末までに大きな生態変化が起きた（Smith 1995）。白樺を始めとする樹木が、壊滅的に激減したのである。この理由としてヘクラ火山噴火と森林伐採がすぐに思い浮かぶが、そのほかにも2つ重要な要因がある。

まず製鉄や木炭づくりを屋外で、しかも窯を使わずに行ったため、

森林火災が頻発したことだ。そして火災後やっと伸びてきた新芽も、新しくもちこまれた家畜が食べ、新しく植えられた食用植物に場所を奪われてしまった。この森林破壊ぶりはすさまじく、すでに中世初期に木材は流木か輸入に頼るしかなくなってしまっていた。そのうえ冬の猟のせいで動物も激減し、気がつくとアイスランドはわずか1世紀ほどで、天然資源のまったく乏しい島に落ちぶれてしまったのである。無知と無計画さゆえに生態系を破壊することが何を招くか、ヴァイキング時代のアイスランドは現代人に教えてくれている。

7　ミクリガルズを目指して

それでは今度は、東の方に目を向けてみよう。バルト海沿岸部にはラトヴィアのグロビナ（Grobina）、ポーランドのヴォーリンやトゥルーソ（Truso）、ドイツのメンツリンや同リューゲン島にあるラルスヴィークなど、スカンディナヴィア人も痕跡を残すスラヴ人やバルト人の遺跡が多くある。なかでもグロビナとトゥルーソには、ゴットランド島人の足跡がはっきり残っている。

ヴァイキング時代以前から、スカンディナヴィア人はバルト海の対岸にも住み着いていた。たとえばグロビナには、6世紀から彼らがクロニア人（バルト系民族）と共棲していた痕跡がある。ヴァイキング時代の遺構としては金属埋納遺構、住居址、土塁址などがあり、この周辺ではスウェーデン本土やゴットランド島と同型の墳墓を含む墓域が3つ確認されている。しかもそのうちひとつは、総数3000基という巨大なものだ。またゴットランド島でしか描かれなか

った絵画石碑（第6章4参照）も見つかっている。グロビナは9世紀半ばにスウェーデン人が掌握した、ゼーブルク（Seeburg）という場所に同定されることが多い。

　ヴォーリンはヴァイキングのいうヨームスボルク（Jómsborg）とされ、しばしば10世紀末の伝説的海賊戦士集団「ヨムスヴィーキング」の基地だったと考えられている。ここは7世紀に生まれ、9世紀初頭に手工業の中心地となった。やがて区画整理、港湾改築、道路の舗装などがなされ、10世紀には定住地全体を囲う塁壁が建設された。このころスラヴ異教神殿も建てられている。

　この遺跡ではバルト海産の琥珀加工、金属製品・櫛・皮革・織物の製造製作などが盛んに行われた。もっとも琥珀加工は、ヴァイキング時代末になると骨角器加工にとって替わられる。これらの手工業は、11世紀後半にピークを迎えたようだ。

　ところでロシアに根を張ったルーシたちは、ミクリガルズ（Mikligarðr、「偉大な都市」の意）とよんだコンスタンティノープルから絹、織物、ワインや香辛料などの食品、装飾品などを手に入れ、毛皮、奴隷、蝋、蜂蜜などを渡していた。ルーシが回教国から仕入れたディルハム貨の半数以上がバルト海地域へ再輸出されていたことからみても、ロシアが北と南を結ぶ非常に重要な中継点だったことがわかる。ルーシのバルト海貿易にとってはスカンディナヴィアが最大相手地域で、そのシェアは西スラヴ人の2倍だったともいわれる。スカンディナヴィア人は琥珀、剣を始めとする武具、錫や鉛の地金などを輸出したが、西スラヴ人には穀物という、スカンディナヴィア人が供給できない商品があった。

　コンスタンティノープルは物品だけでなく、仕事の場も与えてく

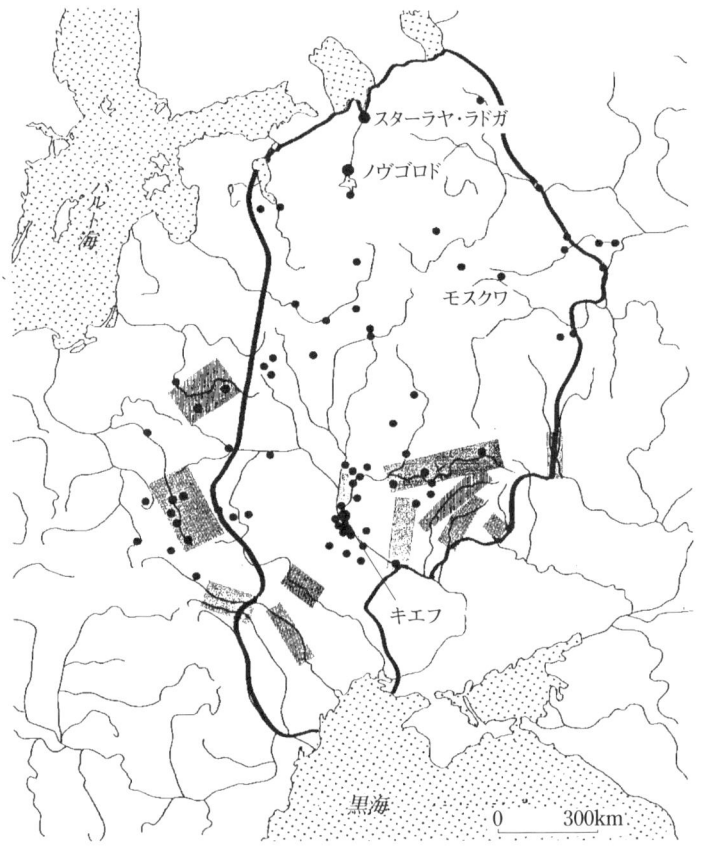

図38　9－11世紀のルーシ国家領域と主なルーシ系定住地（網掛け部分は非ルーシ系定住地がとくに集中している個所）

れた。10世紀末には、皇帝護衛兵はもっぱらスカンディナヴィア人「ヴァラング兵」になったらしい（第3章1参照）。しかしスカンディナヴィアとの縁が遠くなった世代の新しいルーシにとってヴァラング兵はただの脅威となり、やがて疎んじられるようになる。そし

て11世紀にステップ騎兵が台頭してくると、ヴァラング兵はその価値を失っていくのである。この点は、東方ヴァイキング活動の幕引きに一役買っているだろう。

さて、ルーシたちについてもうすこし触れよう。スカンディナヴィア人はヴァイキング時代以前か開始時期ころ、すでにヴォルホフ河畔のスターラヤ・ラドガに住み着いたようだ。彼らがアルディギュボルグ（Aldeigjuborg）とよんだこの場所は8世紀には小さい交易地だったが、やがてルーシ中心地として栄え、10世紀には軍備をともなう防御集落として発展している。ここにはスカンディナヴィア人とともにスラヴ人が住んでいたが、居住区や墓地がそれぞれ民族あるいは社会的階層ごとに分割されていたという説もある。この遺跡からはルーン文字が彫られた長さ40cmにも及ぶ木棒など、めずらしい遺物が多くみつかっている。なかでも箱に入った大量の鉄鍛冶用道具は非常に保存がよく、その鋏は今ですら開閉自在なほどだ。これら道具のいちばん上には、オージン神の魔よけがあった。

そのスターラヤ・ラドガの地位を奪ったノヴゴロドは、当時ホールムガルズル（Hólmgarðr）とよばれた。10世紀初めころ、スカンディナヴィア人が数十キロ南のゴロディシチェ（Gorodišče）から移住したのが発展の始まりらしい。この町はヴォルホフ川を挟んで西がソフィア側、東が商人側とよばれ、ソフィア側には10世紀のクレムリン（要塞）がある。

ヴァイキング時代ノヴゴロドはおのおの別の手工業中心地だったらしい3つの地区に分かれ、ヴェーチェ（民衆集会）が各地区を行政的に仕切っていた。地区内では木材舗装道路に沿って小区画が並び、各区画は柵で囲われていた。中には仕事場、職人の住居などが

あったようだ。ノヴゴロドは遺物の保存状態がきわめてよく、木製品、皮革製品、織物など非常に多くの興味深い遺物が発見されている。ここで白樺の皮にキリル文字で書かれた領収証、業務用の手紙、恋文などの書簡群が、約700例も発見されたのは有名だ。そのほか玩具、偶像、家具、衣類、楽器などもある。

ルーシはやがてノヴゴロドからさらに核を南下させ、キエフへと移す。ケヌガル（Kœnugarr）とよばれたこの場所は、オレグ到着以前はハザール人が支配する小さい集落だった（第3章1参照）。ルーシはやがてこの都市を基盤にして独自の発展する一方で、コンスタンティノープルを何回も襲撃している。だがこれは彼らに流れるヴァイキングの血が騒いだわけではなく、当時掠奪や襲撃というものがそれほどめずらしくはなかっただけなのかも知れない。

ルーシ国家が成功した秘訣は、このキエフ支配にあったといってもいい。キエフは9世紀から人口が増えはじめ、9世紀後半になると手工業や商業がいっそう盛んになった。11世紀にはウラジーミル一世（在位980‒1015）がクレムリンを建設しているが、このころにはまた宮廷、行政建築物、宗教建築物、邸宅などが並ぶ行政地域とは離れた場所に、経済活動の場が集約されたようだ。ここでつくられた特徴的な文様をもつ金属細工は、スウェーデンを始めとするスカンディナヴィアでも見つかっている。ヤロスラヴ「賢公」（在位1016‒1054）の治世になるとキエフはさらに拡大され、防備も強固になり、聖ソフィア大聖堂の建設も始まった。こうして「ロシア」が成長していくのである。

8 狭　間

　スカンディナヴィアとロシアの狭間には、フィンランドがある。この項ではそのフィンランドと、スカンディナヴィア北部のゲルマン人居住地域についてお話しよう。

　フィンランドとスウェーデンの間にあるオーランド諸島は、先史時代からビルカを始めとする中部スウェーデンとのつながりが深く、10世紀後半から150年ほどの考古資料がほとんどないのが特徴だ。多くの研究者はこのオーランドは12世紀に再植民されるまで無人だったと考えているが、キリスト教化が早かったため異教墓があまりなく、このことから調査しやすい遺構がたまたま少ないだけだと指摘する声もある。もっとも登録遺跡の4％しか調査されていないのだから、まだこの問題に結論が出せる状態ではないだろう。

　さて、フィンランド南西部は、ヴァイキング時代のはるか以前からスカンディナヴィア人が多く住む地域だった。トゥルクから6kmほど離れたアウラ川沿いにあるヴァンハリンナ（Vanhalinna）は、青銅器時代（フィンランドでは900－500BC）以降長い間使用された丘陵遺跡だ。ここは6世紀にはスカンディナヴィア型の要塞化がなされ、ヴァイキング時代から14世紀にいたるまで使われていた。アウラ川沿いにはヴァイキング時代当時スウェーデン中部やゴットランド島とトゥルク方面を繋ぐ道路が走っており、この河岸地帯が盛んにスカンディナヴィアと接触していたことがわかっている。

　フィンランドにはヴァンハリンナを含めて全土で70例ほどの土塁址があるが、ほとんどが南西部と島嶼部に集中している。また年代

的にも新しく、多くがヴァイキング時代後半から中世にかけて築造されたものだ。他の遺跡年代を見ても、スカンディナヴィア人の本格的なフィンランド進出は、やはりヴァイキング時代に始まるといっていいだろう。

フィンランド内陸部は、遺跡数も調査数も非常に少ない。だがここを越えて東部のカレリア地方（現在はロシアに属する）に行くと、ヴァイキング時代の遺跡がふたたびすこし増加する。ここは早くからキリスト教化されたが、西フィンランド、ゴットランド島との関係が見られると同時に、スターラヤ・ラドガやノヴゴロドなどルーシからの影響も強く現れている。カレリア地方にかぎらずフィンランドの多くの遺跡は、このようにスカンディナヴィアとルーシやバルト世界の狭間に立った中継点的な特徴がみられる。

では、ヴァイキング文化はどこまで北に上れるのだろうか。スカンディナヴィア半島の両沿岸部は、ヴァイキング時代のはるか前からゲルマン系スカンディナヴィア人が支配的だったようだ。山岳部（現在スウェーデンのイェムトランド地方など）ではヴァイキング時代になると鉄生産が非常に盛んになり、その重要性が増加するにともなって石塁の建築なども始まった。この辺りは当時、スウェーデンよりもノルウェーとの関係の方が強かった。

スカンディナヴィア半島北部で調査された定住遺跡は、どれも典型的なスカンディナヴィア農場址だが、スウェーデンでは鉄器時代初期に始まって7世紀ころに破棄されたものが多い。メーデルパード地方のヘーゴム（Högom）はとりわけ興味深い遺跡だ。ここにはローマ鉄器期から民族移動期の、石槨墓を含む17基の墳丘墓があった。石槨墓は槍、剣、ナイフ、盾、弓、斧など、非常に豊かな副葬

第4章 征服と植民の時代 125

図39 エーヴェルフーグダール遺跡出土のタペストリー

品を多くもっていた。これらの墳墓は、被葬者の家の上に建てられたものらしい。ヘーゴム周辺には墳丘墓を始めとする多くの遺跡があり、年代的にもローマ鉄器期辺りから継続しているものが多い。

　ヴァイキング時代スカンディナヴィア半島北部の遺跡としてはノルウェーのローフォーテン諸島ボル遺跡（第1章3参照）が有名だが、そのほかスウェーデンのヘリエダーレン地方エーヴェルフーグダール遺跡（Överhogdal）でもおもしろい遺物が出ている。ここは9世紀から12世紀まで使われた住居址で、非常に貴重なタペストリー片が5枚も発見された。そのモチーフは異教とキリスト教の混合で、船、動物、樹木、建物、ルーン文字のほか、オージン神の愛馬スレイプニルと思われる8本の足をもつ馬も描かれている。

9　最果ての民族

　この章では海外のヴァイキング遺跡をおもにお話してきたが、最後にスカンディナヴィアにありながらヴァイキングが存在しなかった唯一の地域をすこし紹介しよう。それは北部山岳部からロシアのコラ半島にかけての最北部を占める、サミ人居住地域である。

　サミ人はサミ語（フィン・ウゴル語系）を話す人びとで、現在も5万人以上の人口がある。彼らは他のスカンディナヴィア人とともにローマ人タキトゥスの『ゲルマーニア』に言及されているから、現存の少数民族にしてはめずらしく早い時代の文献に登場していることになる。一般にサミ人はスカンディナヴィア先住民で、かつてはスカンディナヴィア半島のもっと南の方まで住んでいたといわれるが、考古資料で見るかぎりは鉄器時代初期か早くとも青銅器時代

末にフィンランドから入ってきた後続民族で、先史時代の居住地域も現在のそれとあまり変わらないようだ。

スカンディナヴィア半島最北部やフィンランド北部沿岸では、ヴァイキング時代のサミ人が海獣猟などを行った野営地址がいくつか残っている。これは楕円または円形の竪穴住居で、真ん中に炉があり、夏だけ使用されたものだ。この形態は、16世紀ころまで変わらなかった。鉄器時代のサミ人遺跡にはトナカイの骨が急増するため、このころそれまでの狩猟生活に変わって、トナカイ遊牧が中心に行われるようになったのではないかとする説もある。

ヘリエダーレン地方のヴィーヴァッレン遺跡（Vivallen）には、サミ人の墳墓がある。彼らの墓は被葬者を白樺の樹皮に包み、南北方向に向けて埋めた土葬墓というのが特徴だ。ヴィーヴァッレン遺跡近くには、これと関係が深いと見られるアザラシ猟と漁撈のための竪穴住居址がある。この住居址は、5世紀から中世まで長い間使われた。同じ地方でゲルマン系スカンディナヴィア人の遺跡がいくつも確認されていることを考えると（前項参照）、サミ人とゲルマン系スカンディナヴィア人が共棲とまではいかないにしても、適当な距離を保って同じ空間で生活をしていたとは言えそうだ。

サミ人の遺跡で特徴的なのは、何といっても居住地域のいたるところにある祭祀遺跡である。彼らはトナカイの角、装飾品、硬貨などの金属製品を神に捧げ、その晩餐で食した動物骨を祭祀場所に放置した。骨をとっておけば、食べた動物は再生すると信じられていたのである（神田 1992）。祭祀遺跡にあった金属製品の多くは失われているが、スウェーデンで9カ所、ノルウェーとフィンランドでは1カ所ずつで残存していたのが見つかっている。

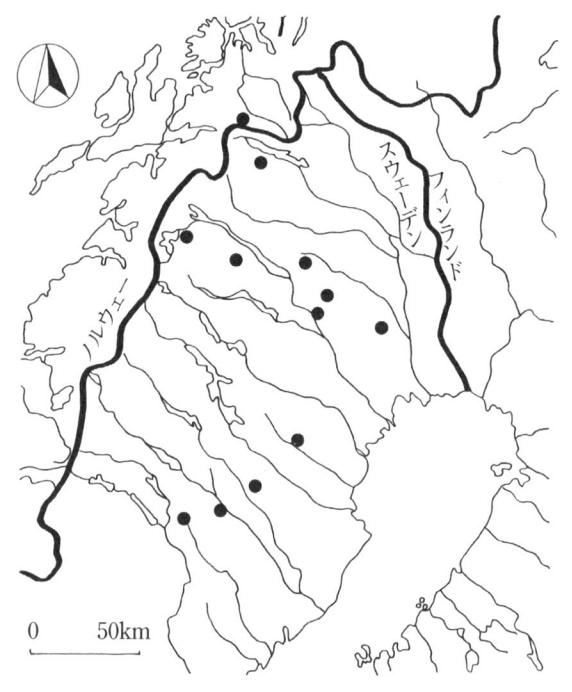

図40 主なサミの金属奉納遺構分布

この金属奉納遺構は11世紀から14世紀までに多く、舶来品ではノルウェーやルーシ国家と関係がある遺物が目立つが、遺物の多くは地元産だ。この型の遺跡としては、スウェーデンのノルボッテン地方グロートレスク（Gråträsk）がもっとも知られている。ここにはヴェンデル期からヴァイキング時代初期の奉納遺構があったが、金属製品は骨や角、木などの鋳型をもって低温でつくられたもので、ほとんどが地元産らしい。しかし金属中に含まれる錫はイングランド産で、これはおそらくノルウェーを通して入ってきたのだろう。

グロートレスクではサミ特有の文様をもつ金属製品が多く出土したほか、ノアイディとよばれるシャーマンが太鼓に使う付属品なども見つかっている。

　サミ人はノルウェー人と交易するときしばしば錫を受け取り、これを利用して金属をつくった。このためサミ人の金属製品は、しろめ（錫と鉛の合金）が多い。ちなみにサミ人のしろめは鉛を平均4.3％しか含まないが、当時北西ヨーロッパ産のものはだいたい31％ほどの鉛を含有していた。そしてヴァイキング時代ころからこのしろめ製品を飾るために使用されはじめた幾何学文様と十字文様は、現在も好んで使われつづけている。

　サミ人はつねにスカンディナヴィアよりフィン人やそれ以東との関係が深く、11世紀にはノヴゴロドのルーシに納税した記録もある。スウェーデンのラップランド地方メットトレスケット（Mörtträsket）湖中にあった奉納遺構では259個もの金属遺物が発見されたが、舶来品の多くはフィンランド、ロシア、東バルト海からのものだった。ちなみにこの遺跡は、ヴァイキング時代よりすこし後の13世紀か14世紀のものである。

第5章　統一の時代

1　クヌーズ大王

　ヴァイキング時代後期は、前期とはずいぶん様相が変わる。スカンディナヴィアはキリスト教化され、「ヨーロッパ化」に向けて具体的に動きはじめた。そしてまだ若く不安定な国家が維持と発展を模索するなか、立場も報酬も曖昧なヴァイキングという存在はしだいに時代遅れとなっていくのである。この章の前半では、おもにこのころの各国の政治動向を概観しよう。

　デンマークは960年から965年ころ、ハーラル青歯王の治世下で正式にキリスト教国になった。その理由は組織化された一神教であるキリスト教が国内統一に有用だったからだとか、大陸列強と同じ信仰をもつことで「ヨーロッパ」の仲間入りをしようとしたなどと言われるが、ドイツの圧力に勝てず、征服よりは改宗を選んだという見方もある（Lund 1997a）。いずれにしても改宗当初のデンマーク教会は、ドイツの強い影響下にあった。そして信用できない強大な隣国が宗教的にも幅をきかせるというのは、デンマークにとって危険なことだった。

　ハーラル青歯王はドイツの脅威に対抗して、軍事も強化した。し

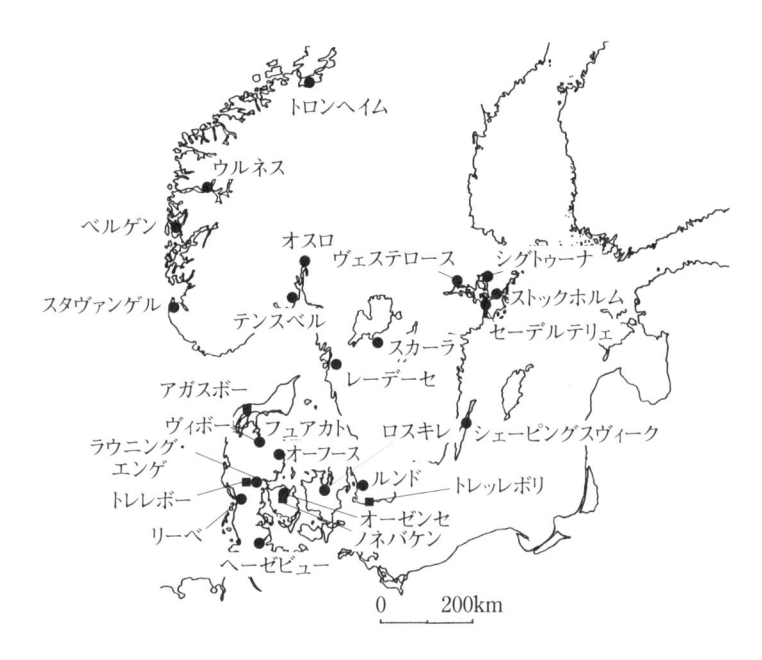

図41 第5章に登場する主なスカンディナヴィアの遺跡
（■はトレレボー型集落）

かしそのための度を越した建設事業は国民の反感を買い、ハーラルの息子スヴェン叉髭王が反乱を起こして父王を追い出してしまう（本章の5参照）。スヴェン叉髭王がその後イングランドに侵攻し、王位簒奪に成功したのは先にみた通りである（第4章1参照）。

　スヴェン叉髭王の死後、その息子ハーラルがデンマークを継承した。しかしまもなくハーラルが亡くなり、イングランド王位を継いでいたハーラルの弟クヌーズ「大王」がデンマーク王位も手に入れることになる。1019年のことだった。

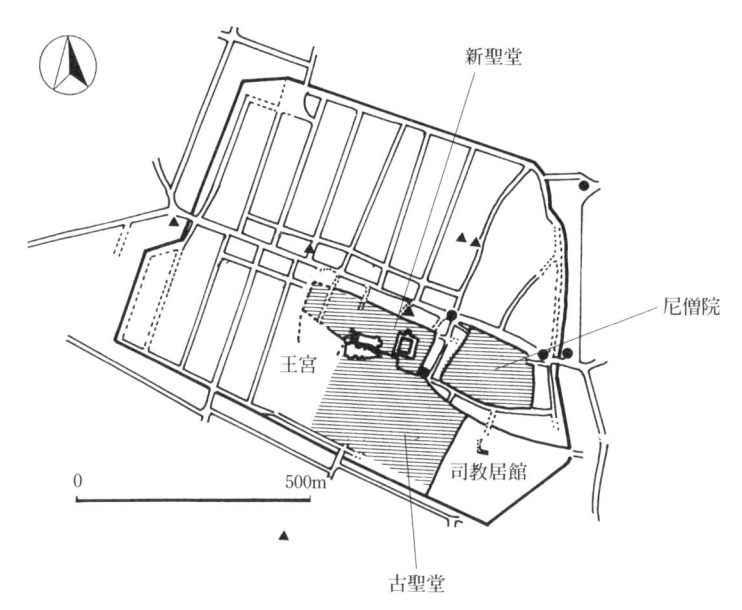

図42　998－1066年ころのウィンチェスター中心部（▲は教会、
　　　●は製粉場）

　デンマークとイングランドの王になったクヌーズ大王は、治世の
ほとんどをイングランドで過ごした。彼の後ろ盾は軍事的にも経済
的にも、つねにイングランドだった。当時ここにはロンドンのよう
な国際都市を始めとして、すでに数多くの有益な都市があったので
ある。しかしクヌーズ大王は、これらを変化発展させることには注
意を払わなかった。彼の治世下ではほとんどの都市が単に面積拡大
をつづけただけで、人びとの生活水準は明らかに低下していったの
である。イングランドで都市が政治的・経済的に地域の中心となる
のは、のちのエドワード「懺悔王」時代以降の話になる（Hill 1994、

Hinton 1990)。

　クヌーズ大王は、イングランド的であろうとした。首都をヴァイキングの伝統的中心地ヨークではなく南部のウィンチェスターに置き、エセルレッド不用意王の寡婦と結婚し、既存の法を自分の名前で再発布し、教会にもよく寄進した。政治上層部や大土地所有者には大規模なてこ入れを行ったが、新たにすげ替えられた人びとの多くはデンマーク人ではなく、クヌーズ大王派の地元民だったらしい。

　彼がとくにイングランドからデンマークに導入したかったものに、教会と通貨システムがある。まずデンマークでイングランド教会の力を伸ばすことによって、ドイツの影響下からの脱却を目指した。そして二国間に共通する貨幣を発行し、体系立った利益をあげようとした。このころルンド（Lund、スウェーデン南部）やロスキレ（Roskilde、シェラン島）などデンマークにある8カ所の造幣所で、イングランド型貨幣がつくられている。しかし実際使われていた貨幣は舶来ものが中心だったから、通貨管理による収入は少なかったとみられている（Jonsson 1994）。

　1026年、クヌーズ大王はノルウェー王オーラヴ「聖王」とスウェーデン王アーヌンド・ヤーコブの連合軍に敗退した。しかし翌年にはヨーロッパ大陸で自分の地位を確立すべく、ローマまで出向いてドイツ皇帝コンラート2世の戴冠式に出席する余裕をみせる。この年彼はスコットランドでも大君主として認められている。そして1028年、クヌーズ大王はイングランドの軍隊を用いてオーラヴ聖王を追い出し、ノルウェー王権も手にすることになる。こうして1035年11月12日にクヌーズ大王が死去したとき、彼はイングランド、ノルウェー、デンマーク、スウェーデンの一部にまたがる帝国の頂に

立っていた。

　クヌーズ大王死去後の後継者争いを経て1040年、その息子ハーデクヌーズがイングランドとデンマークの両王位を継承した。しかしこの王は子がないまま2年後に亡くなり、アングロサクソン人のエドワード懺悔王がイングランド王になった。そしてデンマークでは、継承権を主張したクヌーズ大王の甥スヴェン・エストリズセンではなく、ノルウェー王マグヌス「善王」が支持され王となった。これは、ハーデクヌーズの遺志でもあった。こうしてデンマーク人はイングランドでもデンマークでも王位を継げず、クヌーズ大王の帝国はあっと言う間に崩壊した。デンマーク人スヴェン・エストリズセンがデンマーク王位につくのは、マグヌス善王の死去後である。

　イングランドはやがて、またもや海外の脅威に襲われる。エドワード懺悔王死去後ハロルド・ゴドウィンソンが王位を継承したが、その簒奪を目論んだノルウェーのハーラル「苛烈王」が1066年、300隻の艦隊、のべ9000人にも及ぶ大軍勢を率いて侵攻してきたのである。これに対してハロルド・ゴドウィンソンは死に物狂いで応戦し、大決戦の末ハーラル苛烈王が戦死してこの戦闘は終わった。

　しかし、ハロルド・ゴドウィンソンの運は尽きていた。ノルウェー人と時をほぼ同じくして、南からノルマンディー公ウィリアムが侵攻していたのである。ハロルド・ゴドウィンソンはかつて、エドワード懺悔王が死んだらウィリアム公が王位を継承するよう支持すると約束をしてしまっていた。ところが実際王位を継いだのがハロルド・ゴドウィンソンだったから、ウィリアム公が激高して攻め込んできたのは当然だった。

　ノルウェー人との戦いで疲弊したイングランド軍は休むことな

く、百戦錬磨の「無敵の戦争マシーン」(キャンベル編 1999)をもつウィリアム公との戦いを強いられた。そしてハーラル苛烈王の戦死からわずか3週間後の1066年10月14日、ウィリアム公はイングランド軍に勝利し、同年12月25日ロンドンのウェストミンスター寺院でイングランド王として戴冠された。彼はロロ(第4章4参照)の直系子孫だから、ここにイングランドはふたたびヴァイキングの血が流れる王を迎えることになったのである。その後デンマーク人はフランドル人(現ベルギー西部を中心とする地域の人びと)の援護を得るなどして何回か征服を試みたが成功せず、ウィリアム「征服王」が開いたノルマン朝は1154年までつづくことになる。

2 猫の目支配

ヴァイキング時代を通して地方豪族の力が非常に強かったノルウェーは、この時代に全土の完全統一をなすことはできなかった。その上デンマークを始めとする周辺諸国の介入も強く、そのせいもあって支配者が猫の目のように変わった。

9世紀後半に南西部を統一したハーラル美髪王はデンマークに対抗すべく、当時デンマークの最大敵国だったイングランドとの関係を深めようとした。彼の息子ホーコン「善王」は、イングランド王アセルスタンの宮廷で養育されている。ハーラル美髪王が亡くなるともう一人の息子エーリク血斧王が後を継いだが、ホーコン善王はイングランドなどの支持を得て兄エーリク血斧王を追い出し、935年ころ王位につく。この時逃亡したエーリク血斧王は、やがてヨーク王国最後の王になった(第4章1参照)。ホーコン善王はまたノ

ルウェーのキリスト教化を試みたが、失敗している。

　その後今度はエーリク血斧王の息子たちがホーコン善王に反抗し、彼ら全員（「エーリクの息子たち」）がデンマークのハーラル青歯王の支持を得て王となった。ハーラル青歯王は、彼らのいとこだったのである。しかしエーリクの息子たちはデンマークの意図に反してあまり従属的ではなかったため倒され、結局ハーラル青歯王がノルウェーの大君主となった。彼の本拠地はデンマークだったから、ラーデ（ノルウェーのトロンヘイム近郊）の豪族を通してノルウェーを支配したといわれる。

　さて991年以降スヴェン叉髭王と同盟してイングランドを襲撃していたオーラヴ・トリュッグヴァソンは（第4章1参照）、ハーラル美髪王の血を引いていなかったと言われてはいるが、まずトロンデーラーグ地方で王と認められた。彼は西欧でキリスト教徒になっていたためノルウェーやアイスランドの改宗を試み、これを受けてアイスランドは1000年にキリスト教国になった。グリーンランドもこの後すぐ改宗している。しかしオーラヴ・トリュッグヴァソンはこのころ、スヴェン叉髭王に敗れてしまう。つまりノルウェーは、またもやデンマークの支配下に置かれることになったのである。

　スヴェン叉髭王も、ノルウェーの支配をラーデの豪族兄弟に任せた。ところが1015年、エーリクの息子たちのひとり、ハーラル「灰色外套王」の息子オーラヴ聖王が、この兄弟を攻撃してノルウェー王となる。ノルウェーは彼の治世下、ついにキリスト教国となった。しかし1028年、オーラヴ聖王はクヌーズ大王によって追い出され、デンマークの敵ノヴゴロド公国へ逃げた（本章の1参照）。1030年オーラヴ聖王は復讐戦を挑んだが、敗死する。

| デンマーク | ノルウェー | スウェーデン |

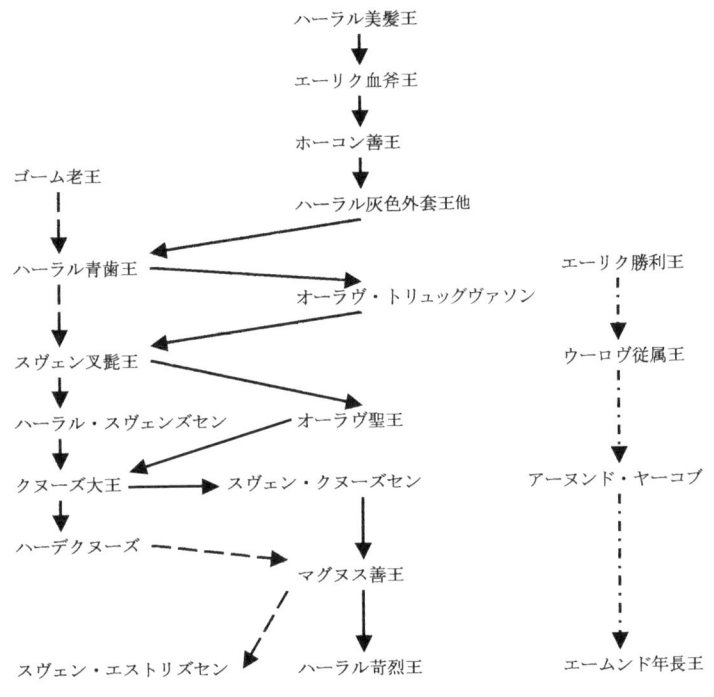

```
                    ハーラル美髪王
                         ↓
                    エーリク血斧王
                         ↓
                    ホーコン善王
                         ↓
  ゴーム老王         ハーラル灰色外套王他
     ↓             ↙                    エーリク勝利王
  ハーラル青歯王 ←                              ┆
     ↓         ↘  オーラヴ・トリュッグヴァソン    ┆
              ↙                                 ↓
  スヴェン叉髭王 ←                           ウーロヴ従属王
     ↓
  ハーラル・スヴェンズセン   オーラヴ聖王
     ↓                   ↙
  クヌーズ大王 ──→ スヴェン・クヌーズセン    アーヌンド・ヤーコブ
     ↓                   ↓
  ハーデクヌーズ ─ ─ ─ ─ ↘
                      マグヌス善王
                         ↓                      ↓
  スヴェン・エストリズセン   ハーラル苛烈王     エームンド年長王
```

図43 第5章で言及する各国王系図

　この後のノルウェー支配は、クヌーズ大王にとって大きな失態だった。彼は宗主代理人としてイングランド人の妻とその息子スヴェンを送りこんだが、スカンディナヴィア人ですらない支配者をノルウェー人が受け入れるはずがなかった。やがてオーラヴ聖王の息子マグヌス善王がロシアから戻ったとき、当然のことながらノルウェーは彼を支持した。その結果遅くとも1034年までには、クヌーズ大王の妻と子はこの国を追われることになる。

ノルウェー・デンマーク王となったマグヌス善王（前項参照）の後を継いだハーラル苛烈王は、波乱の一生を歩んだヴァイキングである。彼はオーラヴ聖王の異父弟で、オーラヴ聖王がクヌーズ大王に追い出された時スウェーデンへ逃れ、キエフ公に従事し、やがてビザンツ帝国のヴァラング兵になった。1045年ノルウェーに帰国すると、デンマーク王位を狙っていたスヴェン・エストリズセンと組んで、デンマークとノルウェーを統治していたマグヌス善王に敵対した。ところが1047年にスヴェン・エストリズセンがデンマーク王に、自分がノルウェー王になると、今度はすぐスヴェン・エストリズセンに敵対する。両者の戦いは20年もの間つづき、ヘーゼビューは炎上し、双方多数の戦死者を出した。結局この戦いには決着がつかず、1064年和平が結ばれた。ハーラル苛烈王はこの次にイングランド王位簒奪を目論んだが、2年後の1066年かの地で戦死している（本章の1参照）。

　ハーラル苛烈王の戦死は、ノルウェーでヴァイキング時代の終結と見なされている。もっとも掠奪という意味でのヴァイキング活動は、この後もつづいていた。

　一方アイリッシュ海におけるノルウェーの力は、時間とともに弱まっていった（本章の4参照）。12世紀になるとノルマン朝イングランドのアイルランド支配が始まり、13世紀にはスコットランドが強大になったため、ノルウェーはかつてヴァイキングが獲得したこの地域から押し出されてしまう。起死回生を狙った1263年にはスコットランドに大敗し、これを受けて1266年、マン島と島嶼部はスコットランドの手に渡ることになる。

3 エーリク朝

　デンマークやノルウェーとくらべて、ヴァイキング時代後期のスウェーデンについては資料が非常に少ない。最古の王朝ユングリング朝はスウェーデンではヴァイキング時代前半までに途絶え（ノルウェーでは継続）、ヴァイキング時代前半ではビルカの3人の王、そして1人、2人の伝説的なスウェーデン王が史料に出てくるだけである。

　存在が確実視される初めての王は、10世紀中ごろのエーリク「勝利王」だ。彼はデンマークを征服したという史料もあるが、これは当時デンマークの傘下にあった西イェートランド地方の支配を意味するのだろう。彼はデンマークで洗礼を受け、帰国後異教に復教したらしい。

　エーリク勝利王は当初、兄弟のウーロヴとスウェーデンを共同統治していた。しかし間もなくウーロヴが亡くなると、ウーロヴの息子スチュールビョルンがデンマークのハーラル青歯王の支持を得て王位を要求する。その結果983年ころの戦闘でエーリク勝利王がスチュールビョルンを破り、スウェーデンの単独統治者になった。

　エーリク勝利王はデンマークに対抗するためポーランド人の王女と結婚し、息子ウーロヴ「従属王」をもうける。しかし彼の死後この寡婦がスヴェン叉髭王と再婚したため、ウーロヴ従属王は養父スヴェン叉髭王への忠誠を強いられることになる。たとえば1000年のオーラヴ・トリュッグヴァソンとスヴェン叉髭王の戦いでは、スヴェン叉髭王側を支持している（前項参照）。

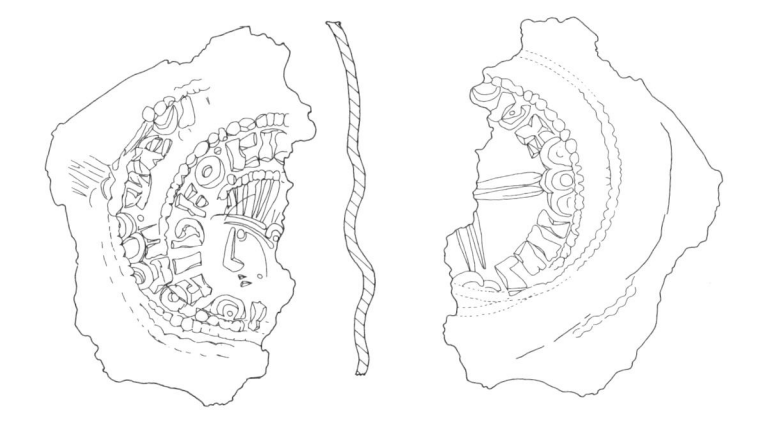

図44 クヌーズ貨（上：裏、復原）とウーロヴ従属王貨の鋳型（左：表、右：裏）（Michael D. O'Hara "An iron reverse die of the reign of Cnut", *The Rein of Cnut : King of England, Denmark and Norway*, London, 1994およびB. Malmer, J. Ros and S. Tesch *Kung Olofs Mynthus i kvarteret Urmarkaren, Sigtuna,* Sigtuna, 1991より）

しかしウーロヴ従属王は、スヴェン叉髭王の息子ハーラルとそれ以降のデンマーク王には敵対した。関係の薄いハンガリーに助力したのに、同盟していたはずのデンマークには援軍を送らなかったと

すら言われる。また1019年には、デンマークの伝統的な敵であるキエフ・ノヴゴロド公ヤロスラヴに娘を嫁がせている。

ところで上に述べたように、10世紀の西イェートランド地方はデンマークに朝貢していたようだ。エーリク勝利王がここを支配したとしても、少なくとも11世紀前半のデンマーク人にとってこの地はスウェーデンではなかった。デンマークと西イェートランド地方のルーン石碑はほぼすべてがスヴェン叉髭王とクヌーズ大王の時代、この2人に仕えた人びとのために彫られたものだという説もある(B. Sawyer 1994)。さらにクヌーズ大王はイングランド征服後、おそらくこの地方を支配するために2人のイングランド人王子を送り込んでいる。もっとも彼らがすぐに殺害されてしまったところをみると、西イェートランド地方がデンマークを受け入れていたとは言い難い。一方ウップランド地方を中心とするスウェーデン東部は、政治的にも宗教的にも明らかに独立していた。

この東西スウェーデンを初めて統一支配したのは、ウーロヴ従属王である。彼はさらに1000年ころスウェーデンをキリスト教化し、1014年自分の住むシグトゥーナではなく、まず西イェートランド地方のスカーラに司教座を設置した。スカーラは異教の反発が少ない上、自分の勢力基盤でもあった。

ウーロヴ従属王の後を継いだ息子アーヌンド・ヤーコブも、父同様デンマークに敵対した。1026年にはオーラヴ聖王と組んでクヌーズ大王を攻撃し、1030年のオーラヴ聖王復讐戦でもこれを支持している。アーヌンド・ヤーコブは子を残さず死去したため、その義兄エームンド「年長王」が王位を継承した。しかし彼の息子たちはすでに亡く（第6章3参照）、1060年ころエーリク朝の男系血統は途

絶えるのである。

　スウェーデンは、最後まで異教が粘った国だった。その殿堂ガムラ・ウップサーラ神殿はキリスト教王にとって目の上のたんこぶで、彼らは何とかこれを排除しようと苦心した。しかしウーロヴ従属王や11世紀のシグトゥーナ司教は神殿を破壊しようとして一時的に国を追われ、また1080年ころには異教徒スヴェン「供儀王」が政権をとったこともある。こういった一連の異教反発はすなわち、スウェーデンでは異教に根ざした伝統的な地元勢力が非常に強かったことを暗示しているのである。

 4 　溶　暗

　それでは、海外のヴァイキング植民地はどうなったのだろうか。現在スカンディナヴィアと深い関係を保っているのは、独立国として北欧の一員をなすアイスランド、デンマークに属するフェーロー諸島くらいしかない。このほかすべての植民地が、15世紀までには消滅してしまったのである。

　消滅といっても、その姿にはいろいろある。キエフやノヴゴロドのような東方の植民地にとって、スカンディナヴィアはもはや宗主国ではなかった。彼らはすでにロシアという、スラヴ文化に深く根ざした独自の大国を築く過程にあった。

　オークニー諸島とシェトランド諸島（「オークニー・シェトランドおよびケースネス・ヤール国」）、「マン島および島嶼部王国」は長くノルウェーの政治的・宗教的影響を受けていたが、ノルマン朝以降はイングランド人の入植もあって、しだいにイングランド寄り

になってきた。結局13世紀後半にはマン島および島嶼部王国がノルウェーから、15世紀後半にはオークニー・シェトランドおよびケースネス・ヤール国が当時の宗主国デンマークからスコットランドの手に渡っている。

アイルランドでは1014年、ダブリン・ヴァイキングを中心とするスカンディナヴィア人がアイルランド人に大敗を喫しはしたが、これ以降もダブリンなどで都市国家的存在を保っていた。ところが1169年にイングランド人が侵攻し、最後のノルウェー人ダブリン王アンスカーフが逃亡してこの地のスカンディナヴィア支配は終わりを告げた。

ところで1100年ころからしだいに下降していた気温は一向に回復の兆しを見せず、14世紀には最悪の状態まで落ち込む。この「小氷期」とよばれる自然条件の悪化は各地に膨大な被害を及ぼし、1400年ころ終わったようだ。アイスランドではこれにノルウェーからの課税や13世紀の大噴火も加わって、生活が非常にきびしくなった。またヴァイキング時代以後発展をつづけ、13世紀にはノルウェー領になっていたグリーンランドでも、14世紀後半には次々と定住地が破棄されている。ここでは小氷期に北大西洋の氷山が増加して、スカンディナヴィアやアイスランドからの物資の輸送が困難になった。さらに13世紀以降北からグリーンランドに入り、天候の悪化にともなって南下したイヌイットとの生存競争にも負け、犬まで食い尽くすという悲しい最期を遂げた人びともいた（グラハム=キャンベル編 1999、シュレーダーマン 1998）。アメリカ大陸でも13、14世紀ころまでのスカンディナヴィア型遺物が点在するが、これらはおそらくこの地の住民たちと、グリーンランド・スカンディナヴィ

ア人との交易の結果だったのだろう。あのクリストファー・コロンブスによるアメリカ大陸「再発見」と前後して、グリーンランドのヴァイキング植民地から最後の船が去っていったのは非常に象徴的である。

5　要塞と教会

　スカンディナヴィア人は、伝統的に木の文化をもっていた。中世になって「ヨーロッパ風」の石造建築が急増したが、その直前であるヴァイキング時代後期はもっとも大規模、かつ優美な木造建築が開花した時期だった。この典型的な例がハーラル青歯王の「トレレボー型集落」と、ノルウェーに最高建築物を残す「樽板式建築物」である。

　デンマークのハーラル青歯王は、都市・道路・橋などの公共建築事業に燃えた王だった（本章の1参照）。彼の治世下でリーベ、ヘーゼビュー、オーフースが要塞化されただけでなく、ダネヴィアケも改築され、これが接続壁を通してヘーゼビューの町を囲む塁壁とつながった。さらにユラン半島中部では、大量の木材を投入して700mにも及ぶラウニング・エンゲ橋（Rauning Enge）がつくられている。

　ハーラル青歯王がこれほど公共事業にのめり込んだ理由は、対ドイツ戦への備えといわれている。974年にヘーゼビューがドイツに奪われ、9年後彼はその復讐戦に勝利した。このためデンマークは、ドイツの再侵攻に向けて準備をしなければならなかったのである。

　ハーラル青歯王がなしたトレレボー型集落建設は、ヴァイキング

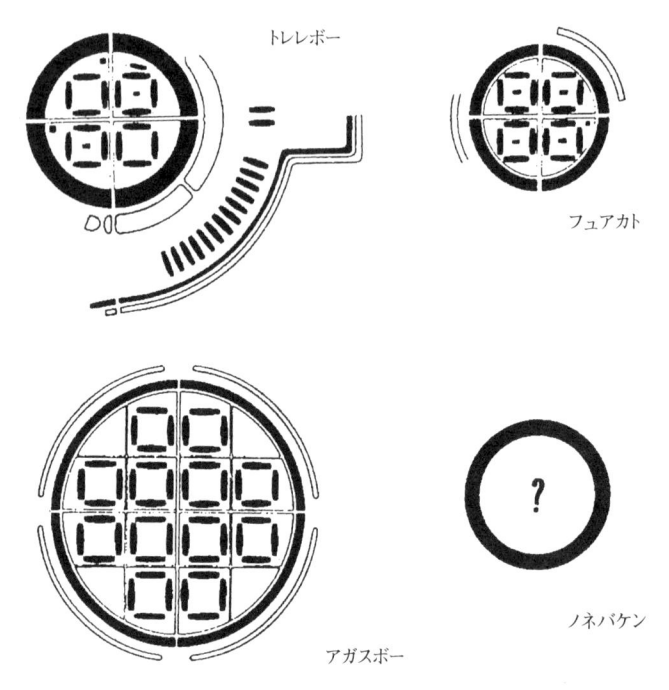

図45　トレレボー型集落の形態（VH2　1999より）

時代最大の建築事業だった。トレレボー型集落とは土手で支えられた木柵と土塁という二重の防御壁に囲まれた円形の防備集落で、時には壁の外側に壕もあった。内部は板敷きの道路が十字に走り、その延長として土塁の4カ所に出入り口がある。中は等分に区画分けされ、各区画にはふつう4軒のロングハウスがそれぞれ正方形の各辺になるよう並んでいた。ロングハウスは中央部分が膨らんだトレレボー型をなし（第3章7参照）、長さはどれも30mを目指してつくられた。屋根は板張りで、その重みは壁の外側に、斜めに立てかけた柱で支える。トレレボー型集落はこのように斬新な集落形態と

建築物の構造で、きっちりと規格化されていたのである。

この型の集落はその名がついたシェラン島のトレレボー（Trelleborg）、フューン島のノネバケン（Nonnebakken）、ユラン半島北部のアガスボー（Aggersborg）、同フュアカト（Fyrkat）、スウェーデンのスコーネ地方トレッレボリ（Trelleborg）にある。

トレレボーの集落はその内側堡塁の直径が134mで、内部の集落のほかにも外側の土塁に沿って15軒の家と墓域が並んでいる。墓域の被葬者には若い男性が多かったが、女性も子供もいた。フュアカトはこれによく似た構造をもっていたと思われるが、大きさは内側堡塁の直径が120mといちばん小さい。そのうえ外側の土塁もなかったようだが、それでも木柵を支える土手だけで1万m^3の土を使っている。内部の建築物は未確認であるものの、遺物分布からすると各区画4軒のロングハウスのうち1軒だけが居住用で、他は鉄や貴金属製作の作業場、馬屋などとして使われていたらしい。フュアカトの墓域でも男性、女性、子供が埋葬されていた。アガスボーのトレレボー型集落は群を抜いて大きいが、調査がほとんど進んでいない。ノネバケンも調査が遅れており、可視的な遺構はほとんど何も残っていない。1980年代末に調査されたスウェーデンのトレッレボリは直径143mと大きめで、遺構配置はデンマークのものほどきっちりと幾何学文様を描いていない。また内部の建築物は、ここでもまだ確認されていない。

トレレボー型集落の形には前例がなく、またハーラル青歯王の時代にのみ使われた。これらは980年前後一斉に建築が開始されたもののなんらかの事情、おそらくはスヴェン叉髭王の反乱によって、建設・使用が中断されたようだ（本章の1参照）。たとえば979年か

ら981年ころ建設されたフュアカトでは、建築中ですら崩壊部分の修復がなされなかった。そのためこれらのトレレボー型集落がいったい何のために建てられたのかはっきりせず、徴税センター、行政支部、軍事基地などいろいろ解釈されている。

　墓域の被葬者構成からすると、軍事基地だった可能性は薄い。第一軍事用ならば、最大敵国ドイツの侵入を考えてユラン半島のもっと南の方にあるはずである。国王の目が届きにくい北部、島嶼部、スウェーデンにあり、また内部に貴金属や鉄の加工場があったのだから、行政支部か徴税センターと見る方があたっていよう。ハーラル青歯王はドイツの脅威に直接かかわらない、つまり国防負担の少ない地域を地区分けし、これら各地区から徴税したのかも知れない。トレレボー型集落でつくられた金属製品は納税されたか、あるいは納税のために売りさばかれた可能性がある。

　これらの集落が徴税センターだとすると、最大規模を誇るアガスボーはおもしろい。ここは北海とバルト海をつなぐ近道、リムフィヨルド近くにある。当時スカゲラク海峡は海賊が多かったらしく、ヴァイキング時代前期の二海間の交通にはヘーゼビュー・リーベ間の陸路が使われていた。しかし海路と陸路の併用は手間もかかるうえ、後期になるとドイツの脅威が強まるため、もっと北の方に新たに連絡路をもうけようとしても不思議ではない。それがリムフィヨルドだ。したがってアガスボーに最大のトレレボー型集落があるのは、この地域がリムフィヨルドを往来する交易船のお陰で豊かになったからかも知れないし、もっと進んでここで通行税をとった可能性も考えられるのである。

　さてもうひとつのヴァイキング時代後期に特徴的な木造建築は、

樽板式建築物だ。この工法は西ノルウェーのウルネス（Urnes）などノルウェーの教会建築に多く現存するが、住居にも用いられた例がスウェーデンのシグトゥーナなどで見られる。これは簡単に言うと樽のように平行して壁板を並べ、壁板に垂直に渡した長い板で壁板を留めるものだ。樽板式建築物には、高床式も少なくない。

この工法の最高峰でありユネスコの世界遺産でもあるウルネス教会は12世紀に改築されたものだが、部分的にはヴァイキング時代末期に建てられたところもそのまま使用している。入り口、身廊の壁、内陣の柱などを華やかに飾る美しい彫刻は、ウルネス様式（第6章2参照）の名付け親である。

6　都市の誕生

ヴァイキング時代後期は宗教と国家だけでなく、商業地と祭政中心地も統一された時期だった。このころ初めて政治面・経済面のどちらでも重要な役割をもつ「都市」、そして統一された国家の中心都市である「首都」という存在が生まれたのである。

もっとも、都市建設の基本的な目的は政治面にあったようだ。それは初期の都市が、ほぼすべてかつての祭政地近くに建てられた点にあることからわかる。都市にはまず祭政中心地がもっていた、政治的・宗教的な役割を担うことが期待されていたのである。

ではなぜこの時期になってようやく、スカンディナヴィアで都市が誕生したのだろうか。10世紀後半には、ヴァイキング時代初期からの好ましい天候がつづいていた。さらに農業技術の進歩、国家体制の確立による物品流通の安定、国内の平定などに起因する死亡率

の低下など多くの好材料によって、スカンディナヴィア全土で人口が急増した。そのため、以前より大規模な町をつくることが可能な条件は整っていた。これに加えて今までヨーロッパ各地から受けた影響、またキリスト教の導入が加わって、政治的・宗教的機構が整然と機能できる空間が町にも求められた。こうして、都市が生まれることになったのである。

中世初期の都市風景には、目抜き通りに沿った中心街と教会が欠かせない。教会といっても伝統的な木造ではなく、1027年にクヌーズ大王がロスキレに建設して以来急増した石造教会が中心である。また物品を買う人びとの手には舶来貨幣だけでなく、地元産の貨幣も多く行き渡るようになった。

12世紀になると今度は商人の台頭もあってふたたび政経分離型の都市ができるが、ヴァイキング時代後期以来の都市はすでにしっかりと根付き、消滅することはなかった。これも初期都市の特徴である。じつは、初期の都市には特徴が3つある。ひとつめは上で述べた政経両面で重要性があること、2つめは規模に変化こそあれ、現在も存在することである。これは、ひとつめの特徴のお陰でもある。都市はたとえば経済面で意義を失っても、ほかの面でまだ重要な役割を担っていれば破棄されることはない。

3つめの特徴は、都市はどの国でもまず国王主導で計画的に建設されたという点だ。しかし各国でかなり近い時期に、降って湧いたように同一の新しい概念が生まれたはずがない。したがってこれらの都市建設には、当時国王たちが注目していた西ヨーロッパの都市からの影響があったと思わざるを得ない。彼らは都市の必要性を感じるとともに、他のヨーロッパ諸国と肩を並べるためにも都市が欲

第5章 統一の時代 　151

しいと思ったのだろう。国王の手による草創期都市はデンマークのロスキレとルンド、ノルウェーのトロンヘイム（Trøndheim、ノルウェー中部西海岸。ヴァイキング時代はニザロース Niðaross とよばれた）とオスロ、スウェーデンのシグトゥーナである。

　さて、デンマークはもっとも都市化が進んだ国だった。そのうえ、ここの都市では、交易がとくに大きな役割を担っていた。最古の歴史を誇るリーベのほか、10世紀末になると国王主導のもとロスキレとルンドが生まれ、1000年ころにはオーフース、オーゼンセ（Odense、フューン島）、ヴィボー（Viborg、ユラン半島北部）などが、11世紀後半にはヘーゼビューの後継者スレースヴィなどができた（第3章5参照）。

　ロスキレは10世紀末にハーラル青歯王が教会と自分の居館を建てたところで、11世紀の文献によれば彼が埋葬されたのもこの都市である。建設にはイングランドの都市がモデルになっているらしく、当時のロスキレには修道院と数多くの教会が軒を並べていた。

　またロスキレには、外国人居住区があったらしい。たとえばヴィネボーゼ（Vindebode）とよばれる一角は名前からしてヴェンド人（スラヴ系民族）が住んだところのようだが、事実ここの出土遺物はほとんどヴェンド文化に典型的な黒色土器片で、しかもこれらはロスキレの地元産とみられている。

　ノルウェーでは1000年ころ、トロンヘイムとオスロが国王主導で建設された。これらの都市では中心部にある王の居館を従者などの家が取り囲み、やがて造幣所、教会、大聖堂も建てられた。11世紀後半にはベルゲン（Bergen、ノルウェー南西沿岸）、スタヴァンゲル（Stavanger、ノルウェー南部）、テンスベル（Tønsberg、オスロ

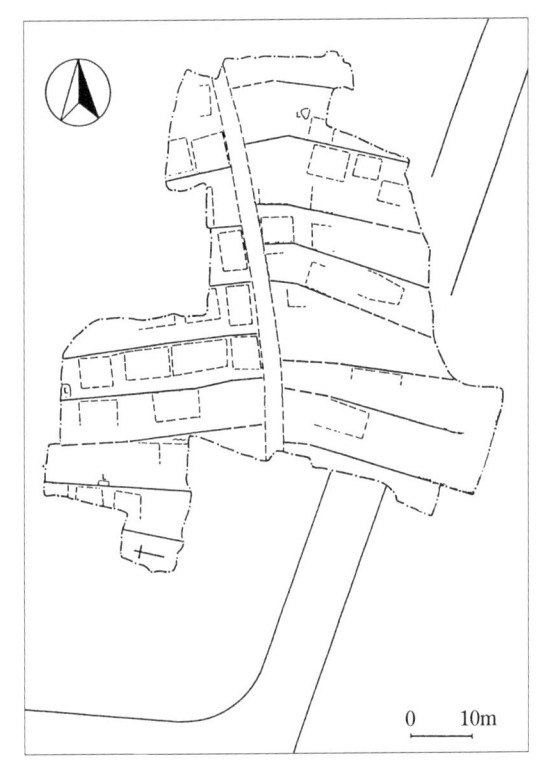

図46　図書館敷地遺跡第5層（トロンヘイム）

フィヨルド沿岸）なども生まれている。

　11世紀の文献によると、デンマークからトロンヘイムへはノルウェー海岸を回る海路か、スウェーデン南部から山越えする陸路があった。しかし陸路は危険で、また時間も長くかかったため、海路の方が好まれたようだ。このことからベルゲンやスタヴァンゲルは、ヨーロッパ大陸やイングランドとトロンヘイムを往復する船の寄港地としての役割があったことが予想される。

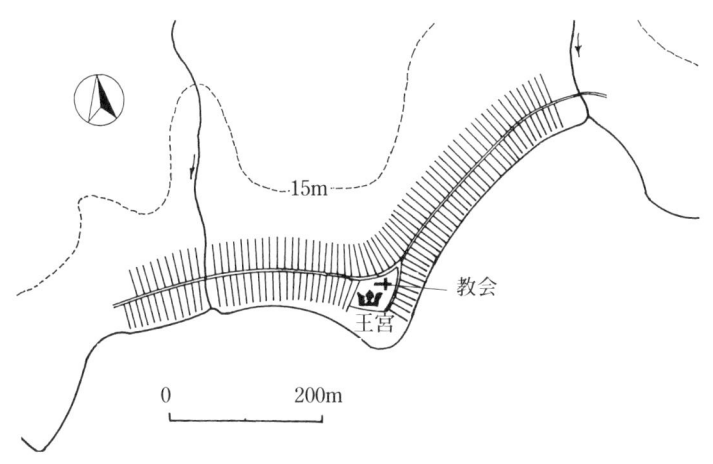

図47 シグトゥーナ復原モデル図 (ⒸSten Tesch)

そのトロンヘイムは10世紀にオーラヴ・トリュッグヴァソンが建てた都市で、11世紀初頭にはノルウェーの首都として機能したらしい。ここではウルネス様式の装飾を施した木片やベルゲンと関係がありそうなルーン遺物など、ノルウェー各地との親密さをうかがわせる考古資料が多い。櫛や硬貨の製造、織物などの痕跡はあるものの、手工業は全体的にあまり目立たない。11世紀末に建てられた大聖堂は現在の大聖堂の床下にあるが、この都市は当時教会だらけだったようだ。

スウェーデンでは11世紀になるとセーデルテリエ（Södertälje）やヴェステロース（Västerås）など、メーラレン湖周辺で大規模集落が次々と誕生する。また他の地域でもスカーラやレーデーセ（Lödöse、スウェーデン南西部）、ゴットランド島のヴィスビュー、エーランド島のシェーピングスヴィーク（Köpingsvik）など、これ以前からあった集落が大規模化する。しかしこれらはいずれも、本

書による都市の定義には当てはまらないようだ。この国では10世紀後半に建てられた首都シグトゥーナを除いて都市化が緩慢で、12世紀末から13世紀初頭にかけて都市化が急速に進む。その筆頭が現在の首都ストックホルムである。

　それではヴァイキング時代末期に誕生した草創期都市の例として、次の項でスウェーデンのシグトゥーナを紹介しよう。

　7　神のシグトゥーナ

　メーラレン湖畔にたたずむ人口3万人のシグトゥーナは、観光と全寮制学校で有名なコミューンだ。都市の創立は970年ころエーリク勝利王によるものとみられ、1060年ころから1130年代ころまでは司教座が置かれた。

　シグトゥーナは建設当初から計画的に開発が進められ、現在の目抜き通りストゥーラ・ガータンの真下に平行して大通りが走っていた。通りの両脇にはあわせて100以上の狭い区画が肋骨のように並び、街の中心には通常区画の6倍もの面積が王の所領として用意された。これは現在シグトゥーナ博物館の下になる。ここにはおそくともウーロヴ従属王のころ王の居館が建てられ、その隣に木造教会もつくられたようだ。この教会址は残っていないが、11世紀ここに石造の聖イェットルード教会ができたため、それ以前に同名の木造教会があったと推測されている。そしてこの王領地の向かいには、スウェーデン初の造幣所が建設された。

　この都市は着工時、水際にはなかった。つまり船舶の往来に重点を置いていない、もっといえば建設の主目的が商業活動ではなかっ

たのである。全体的な形態はルンドやヴィスビュー、トロンヘイムなどに似ているが、これらはどれもシグトゥーナより後にできた都市だ。したがって都市計画のアイディアはヨークやダブリンなど西ヨーロッパの類似した型の都市からもらってきたものだろう。しかし教会遺物からすると、宗教的には

図48　聖ペール教会址（伝シグトゥーナ最後の司教座）

東方やビザンツ帝国との関係が深かったようだ。もっともこれは、この町にはスラヴ人も住んでいたせいかも知れない。

　目抜き通りの南側には、住居のある区画が並んだ。しかしこちら側には納屋や作業場などの付属建築物がなく、これらはどうやら向かいの北側区画に建てられたようだ。家は平均して4〜5 m^2 と小さく、柱の間に小枝を込め、それを粘土で固めて壁にしたものか、これよりさらに小さい丸太小屋が多かったが、樽板式家屋もあった。ヴァイキング時代当時シグトゥーナの人口は1000人前後とみられて

図49 ルーン文字が彫られた動物骨のスケッチ（シグトゥーナ出土、内容は第7項で言及）(Mats Roslund "Runor - magi och meddelanden", *Makt och människor i kungens Sigtuna*, Sigtuna, 1990より)

いる。

　シグトゥーナ初の造幣は990年から995年ころとみられるが、王の居館向かいの「ウーロヴ従属王の造幣所」が始動したのは1005年から1010年ころのようだ。当初はイギリス、とくにエセルレッド不用意王時代の銀貨の影響が強いものの、ビザンツ貨の模倣もあり、また銀の重量システムは東方型だったようだ。ここではその息子アーヌンド・ヤーコブ王や12世紀、13世紀のスウェーデン国王も断続的に造幣した。シグトゥーナでは「スヴェアの王ウーロヴ」「シグトゥーナの王ウーロヴ」「神のシグトゥーナ」などの銘がある銀貨がつくられたが、そのほかクヌーズ大王やその息子ハーデクヌーズ王銘もある。このことからスウェーデンは一時クヌーズ大王の支配下にあったという意見もある。しかしこれはクヌーズ貨という広域に流通していた通貨が受け入れられたのであって、彼の支配を象徴するものではないだろう（P. Sawyer 1994）。いずれにしても、これらは実際の支払いには使用されなかったようだ。

　シグトゥーナから出土する遺物の多くは11、12世紀のものだが、ヴァイキング時代でもキエフ製の復活祭用土製卵、高さ4cmほどの青銅製人頭像、十字架がついた教会らしき建物の形をした青銅製

品用の鋳型など、興味深いものが多い。またある動物骨片には、王は気前よく食事を振舞い、もっとも豊かでもっとも寛大であると称えたルーン文字が彫ってあった。どうやら王は、「いちばん多くを与える者」であることが重要な要素だと考えられていたらしい。その他の遺物では青銅製装飾品用の鋳型が多いが、鉄や青銅などの金属加工場は住宅密集地から離れたところに建てられた。

さらにシグトゥーナには、現存するだけでも30例以上のルーン石碑がある。ほとんどキリスト教徒によるもので、なかにはフリースラント人とスカンディナヴィア人や、スカンディナヴィア人同士の「ギルド兄弟」が出てくる碑もある。シグトゥーナでは店らしき遺構や秤も確認されているから、ここには商人とよべる存在があったのかも知れない。

ここは、典型的なキリスト教徒の土地だった。中世初期には密集地を取り囲むようにして次々と教会が建てられ、このころのキリスト教徒墓地もびっしりと街の周辺を取り巻いている。そしてその外側に残る4～5カ所の異教墓域は、すべて聖イェットルード教会建設以前のものだった。

さてシグトゥーナの西4km、ホートゥーナ湾の対岸にフォーンシグトゥーナ（Fornsigtuna、「古シグトゥーナ」の意）とよばれる複合遺跡がある。ここにはヴァイキング時代のおもなものだけでも「シグンヒルズの丘」とよばれる頂部が平坦な墳丘、人工の高台址、建築物址2カ所、異教墓域2カ所、ルーン石碑2つ、石造桟橋址とそれにつづく人工の斜面などが現存しており、未調査ではあるが、高台には住居や作業場らしい痕跡がみえる。フォーンシグトゥーナの名はすでに1170年代の文献に出てくることもあって、かつてはこ

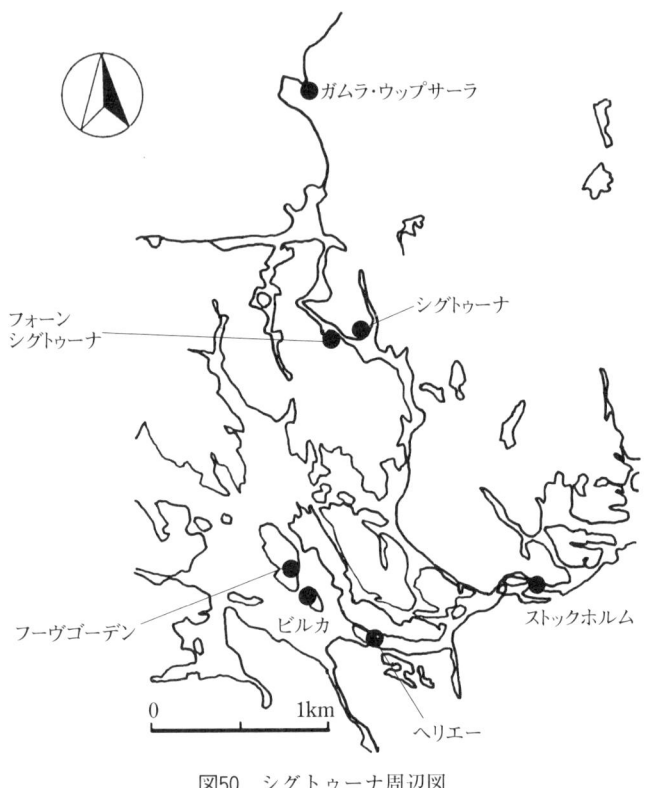

図50 シグトゥーナ周辺図

の地がヴァイキング時代、とくにビルカとシグトゥーナの間に短期間使用された王の居住地と考えられていた。しかし簡単な調査のあと、フォーンシグトゥーナはじつは紀元前1000年ころから18世紀まで断続的に使用された息の長い遺跡で、とくに5世紀からヴァイキング時代までが最盛期だったらしいことがわかった。つまりここは、むしろガムラ・ウップサーラ遺跡やヘリエー遺跡と類似した型だったのである（第2章4、7参照）。さらに「シグンヒルズの丘」は

調査の結果墳墓ではなく、築造年代を決定できるような遺物がほとんど出てこなかった。この丘は集会場址だと考える研究者が多いが、ロングハウスの土台部分だった可能性もある。

しかしここが中世初期すでにフォーンシグトゥーナとよばれていたということは、この地がシグトゥーナとなんらかの関係にあったということだ。しかもこの遺跡は典型的な地元異教徒のもので、出土した動物骨からすると自給自足に頼る一般的な小農場ではなかったようだ。さらにフォーンシグトゥーナがいったん破棄されたのは、シグトゥーナに司教座が置かれた11世紀後半ころのことらしい。

これらのことから、フォーンシグトゥーナとシグトゥーナが対立関係にあったような気がしてくる。簡単に言えば、異教伝統勢力対キリスト教新参勢力の構図である。この二者の関係とノルウェーの新興都市トロンヘイム対伝統豪族居住地ラーデの対立をくらべて説明する説もあるが（本章の2参照）、シグトゥーナとトロンヘイムの都市形態がよく似ている点からしてもこの視点は興味深い。

シグトゥーナには、西イェートランド地方と関係が深いエーリク朝の王たちが住んだ。そして西イェートランド地方は、ビルカともかかわっていた。ビルカ破棄とシグトゥーナ誕生の時期が一致する点からしても、ビルカとシグトゥーナに連続性、共通性があったとみるのが妥当だろう。ビルカ王朝の後継者、つまりエーリク朝は異教伝統勢力との闘争に勝利し、その勢力の本拠地に致命傷を与えるべく、フューリス川というメーラレン湖すなわちバルト海からガムラ・ウップサーラへの唯一の水路の河口にシグトゥーナを建てたのかも知れない。

8　国防軍

　今までの項でヴァイキング時代後期のスカンディナヴィア各国が統一と改宗に成功し、都市という基盤を元に動きはじめたことをお話した。生まれたばかりでまだ不安定な国家にとって、まず必要なものは軍事力である。そこでヴァイキング時代の国王たちがどのようにしてこれを確保したかという点について、多くの研究者たちが意見を出している。

　これら研究者の始発点は、中世スカンディナヴィア諸国にあった「レードゥング（レイザング）」というシステムだ。これは国や時代によって異なるが、簡単に言えば一般農民から船と兵士を徴集する組織で、通常は沿岸防衛のためのものだった。このため領土は地区に分けて階層分化され、各地区ごとに召集・徴税がなされた。

　デンマークの一例を出そう。まず、各大地区が1隻ずつ船を差し出す。大地区は42区の小地区からなる。船の乗組員はそれぞれの小地区から奉仕してきた農民たちで、つまりその合計は42人。小地区は12軒以下の個別農場が集まったものなので、ひとつの大地区は多くても総計$42 \times 12 = 504$戸で成り立っていたことになる。各小地区からは4年に一度成人男性を船員として差し出すが、そのほか毎年3マルクの税金も納めた。だが例外として、特別課税で奉仕を逃れる小地区もあったようだ。

　多くの研究者は、レードゥングを中央管理体制の一例とみようとしている。つまり国家なくして、レードゥングは存在しないという考えだ。この説にしたがえば、レードゥングの起源がわかると国家

の誕生時期にも見当がつくことになる。

　では、レードゥングはいつごろからあったのだろうか。これはもともと800年ころフランク王国で使われはじめたシステムらしく、似たようなものがイングランドにもある（Lund 1994b，1997b）。スカンディナヴィアでいちばん早かったのはノルウェーで、史料によれば950年ころホーコン善王が導入した。正確な年代はともかく、ノルウェーのレードゥングが10世紀半ばか後半に生まれたという説は広く受け入れられている。デンマークでは11世紀後半か12世紀初頭に地元豪族支配を目指してつくられたという意見が多いが、体系が整ったのは13世紀になってからのようだ。スウェーデンでも、13世紀にならないと文献に出てこない。その起源は13世紀、12世紀、ヴァイキング時代後半、同初頭、そして極端な例では紀元2世紀ころとする説すらあるが、中心的論争は中世初期に絞られている。

　ノルウェーだけずば抜けて導入が早いのは、おそらくレードゥングというもの自体が個人的な軍隊に端を発するからだろう。この国では豪族の力が強かったことは前に述べたが、これはすなわち彼らおのおのが独自の軍事力をもっていたということだ。国家単位よりずっと小さい領域内で軍事力を確保するためには、人員と船舶を確実に供給できる安定したシステムをつくり、有効に使うしかない。

　豪族の個人的な軍隊については、スウェーデンで11世紀に彫られたルーン石碑でも言及されている。また豪族の個人的軍隊は、デンマークでもヴァイキング時代後期以降、13世紀半ばまで軍事的にも政治的にも重要な要素だった。このことからレードゥングの先駆ともいえるシステムが、スカンディナヴィア各国でヴァイキング時代にはすでにあったとみる説が主流となっている。ヴァイキング時代

には豪族の個人的軍隊を確保するためだったシステムが、中世になると国防軍召集のために使われ、やがて軍事を離れて課税効率を上げるための行政区分として扱われるようになったというわけだ。

もっとも、レードゥングには地方豪族の支配権を強める危険性もあった。大地区を統括する権力者たちが、集めた軍事力を自分のために使うことも不可能ではなかったからである。このため、たとえばスウェーデンの国王権力基盤だった西イェートランド地方では、レードゥングを導入しなかったらしい。

レードゥングの存在をヴァイキング時代にも認めようとする研究者は、そのための地区分けが当時あったことを証明しようとする。この点について、次項ですこし詳しくみてみよう。

9　地図と計算

レードゥングに関係するとみられている中世の地区分けは時代ごと、地域ごとにいくつかあるが、そのひとつに「フンダリ(百戸区)」があげられる。中世スウェーデンの一例では、各フンダリは8つの「トルフト (12戸区)」、または「ハムン (船場)」とよばれる小地区からなっていた。各トルフトは一人ずつの船員を供給する。ところが12×8＝96で、100戸には4軒足りない。このため研究者たちは試行錯誤して数を揃えようとするわけだが、トルフトはもともとフンダリの一部ではなく、フンダリには別の下位システムがあったという説もある。また別の説ではフンダリが8つのトルフトからなるシステムは早くとも11世紀末までしかさかのぼれず、これ以前には違う区分があったという。

図51 フンダリ区分試案の
　　 一例（Keith Wijkan-
　　 der, *Kundshögar och
　　 sockenbildning* , Nyk-
　　 öping 1983より）

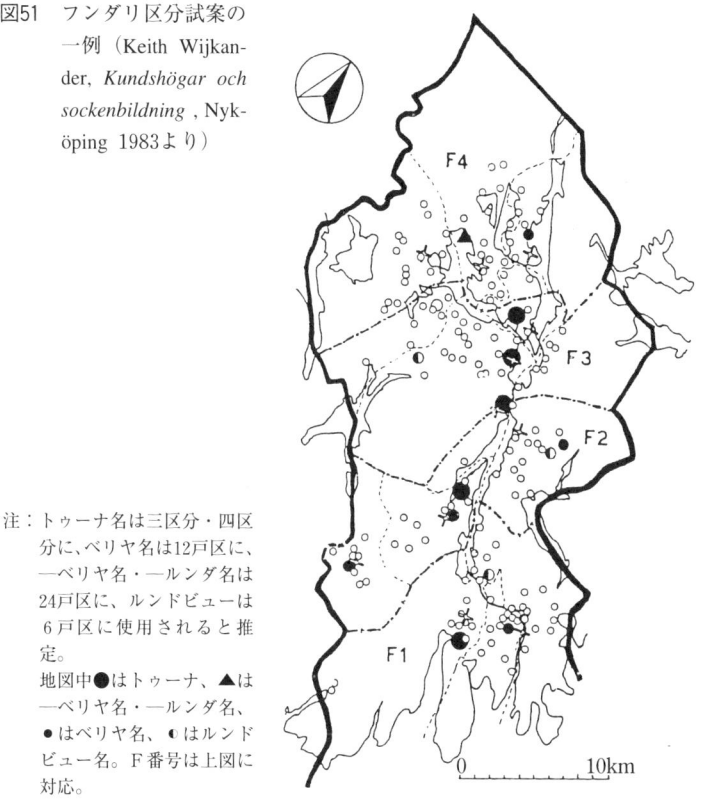

注：トゥーナ名は三区分・四区
　　分に、ベリヤ名は12戸区に、
　　－ベリヤ名・－ルンダ名は
　　24戸区に、ルンドビューは
　　6戸区に使用されると推
　　定。
　　地図中●はトゥーナ、▲は
　　－ベリヤ名・－ルンダ名、
　　●はベリヤ名、◖はルンド
　　ビュー名。F番号は上図に
　　対応。

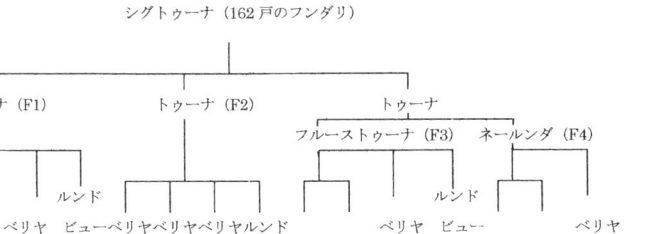

シグトゥーナ（162戸のフンダリ）

```
                シグトゥーナ（162戸のフンダリ）
   ┌──────────────┼────────────────────┐
トゥーナ(F1)    トゥーナ(F2)            トゥーナ
                                  フルーストゥーナ(F3)  ネールンダ(F4)
  ┌──┬──┐   ┌──┬──┬──┐        ┌──┬──┐
ベリヤ ビュー ベリヤ ベリヤ ベリヤ ルンド   ベリヤ ビュー   ベリヤ
       ルンド                              ルンド
       ビュー                ビュー

 12  12  12  6   12? 12  12  6    12  12  12  6   12  12  12
```

もっともフンダリを構成する戸数はかならずしも100軒ではなく、デンマークやスウェーデンの一部ではトルフト3つと「半トルフト」1つ、つまり12× 3 + 6 = 42戸だったり、トルフト5つ、つまり12× 5 = 60戸だったりした。より古い形態としてトルフト10個、つまり12× 10 = 120戸という数もあげられている。120戸からなるフンダリはヴァイキング時代初期にあったとする意見が多く、この場合しばしば各フンダリがヴェンデル期の各豪族支配圏に一致すると推測されている。

　さて、ヴァイキング時代にフンダリやトルフトがあったとする研究者は、ひとつの墓域がひとつのトルフトを表すという基本的概念をもとに、中世教会や大型墳丘墓など他因子をからめて地区分けを復原する。なかでも考古資料と並んで強力な要素は、中世の地名である。とくにスウェーデン中部では「トゥーナ」「ヒューサビュー(またはヒュースビュー)」「ベリヤ」など、各地に似たような頻度でみられる地名が注目されている。たとえばトゥーナ名をもつ場所は「倍トルフト」(24戸)、フンダリの中心地(つまり100戸を包括)、フンダリの下位区分などといわれる。ヒューサビュー地名はその9割以上が河川や湖海の沿岸にあることから、これは各フンダリの中心地で、船や船小屋を管理する場所だったと見なされることが多い。ヒューサビューは13世紀ころ軍役義務が納税義務にリフォームされたとき、その徴税センターとして機能したという説もある。

　レードゥングの地区分けは研究者ごとに違うほど多様にあり、しかもそのなかで抜きん出て支持を集めている説はまだない。このように遺構分布と地名などをあわせてヴァイキング時代の地区分けを解明しようとする試みは、1960年代に初めてこの手法を手がけたス

ウェーデンの考古学者ビョルン・アンブロシアーニの名から「アンブロシアーニズム」とよばれている。そしてアンブロシアーニズムには多くの支持とともに、強い批判もある。そのなかのいくつかをあげてみよう。

　第一に、この手法は、現存墓域が分類の核をなしている。しかし1000年も前の墓域の現存率が100％だとは、とうてい考えられない。第二に、分類の基本になる墓域が全面発掘調査されていることは稀で、墓域年代は外観やいくつかのサンプル調査だけをもとに大雑把に推定するしかない。ところがその大雑把な推定年代が、分析の最重要素なのは危険なことだ。第三に、ヴァイキング時代の遺構分布に、異時代すなわち中世の地名をあてがうのは論理的ではない。そして最後に、この手法でフンダリの存在が認められない「穴」が多すぎる。

　これらの批判の奥には、その研究者が机上分析型か現場調査型かという背景がある。スカンディナヴィアでは遺跡発掘調査の数が非常に少なく、調査報告書が出版されないことも多い。一方で、遺構の保存状態は比較的良い。このため自分で遺構を見つけ、それを地図に落とし、分布を研究して何かを言おうとする方法が好まれている。アンブロシアーニズムはこの典型だ。しかしこの方法には推測の部分が多いため、発掘調査なしで立てた仮説を発展させるのは不毛だと考える研究者も、また少なくないのである。

第6章　文芸と宗教

1　子孫たちの記憶

　ヴァイキング時代のスカンディナヴィア人は、文献記録を残さなかった。それにもかかわらず内部状況がよくわかっているので、意外に思う人もあるだろう。じつはヴァイキング時代が終わって1、2世紀したころから、それまで口伝いに残ってきた話がおもにアイスランドで書きとめられはじめたのである。その筆頭が「サガ」とよばれる文学だ。

　サガは文学ではあるが、それ以前の口承と深く関係している。しかもその描写が鮮烈かつ詳細すぎて、まるでそのすべてが歴史的事実であるかのような錯覚すら覚えるものもある。このためヴァイキング時代を研究する考古学者はサガの内容を鵜呑みにするか、逆に文学だから何ひとつあてにできないと完全否定するか、極端な反応をする場合が多い。

　だがサガはその書かれた年代のさまざまな背景を隠しもっていながらも、ヴァイキング時代から伝わるスカンディナヴィアの記憶である。その資料価値は、オール・オア・ナッシングというような単純なものではない。したがってある程度のスタンスを置いてサガを

「参考にする」という、余裕のある態度がいちばん好ましい。

　ところでサガはその内容によって、大きく7種類に分類されている。スカンディナヴィア諸王の歴史を語る「王のサガ」、英雄たちについて一見荒唐無稽な要素を含む「古代のサガ」、フランク王国カール大帝（シャルルマーニュ大帝、在位768－814）らに関連した「騎士のサガ」、空想的な冒険物語「伝説のサガ」、聖職者たちについての「司教のサガ」、10世紀前半から11世紀前半ころまでのアイスランド人たちについて書いた「家族のサガ」、12世紀後半から14世紀初頭のできごとを伝える「ストゥルルングのサガ」だ。このうち最後の3つは、アイスランドでの話である。

　人類学者や歴史学者がもっとも注目するのは、「家族のサガ」だろう。ここには登場人物の背景や性格、その人にまつわる事件とその顛末などが実に細かく書かれている。顛末というのは、たとえばその人が起こした事件について集会でどのような決定が下されたか、被害者の家族がどういう復讐をしたかというようなことだ。つまりこのサガを読み砕くと、当時の社会慣習や風潮、不文律が見えてくるのである。

　一方考古学者は、「王のサガ」が好きだ。大型遺跡や僅少遺物に関連する特定の人物が、このサガのなかに見つかる可能性を期待しているのである。匿名のはずの遺構や遺物が、サガを参考することによって「これは〇〇王のもの」とわかるのだとすれば、これはたしかにおもしろい。

　このような解釈を、「推測の域を出ることはないのだから無駄だ」と否定する人も少なくない。ところがそういう研究者も、サガから導き出される「推測」を平気で論拠にすることもある。彼らのこの

矛盾は、文献史料と考古資料の関係に一定のスタンスを保つのがいかにむずかしいかを如実に表している。

　サガのほかにも「スカールド」とよばれる職業詩人が残した詩を書きとめた「スカールド詩」、古代の神話や英雄の話を記録した新『エッダ』、ノルウェー諸王の歴史『ヘイムスクリングラ』など、中世アイスランドでは実にさまざまなものが書かれた。前に紹介した『植民の書』（第4章6参照）、アイスランドやグリーンランド、アメリカ大陸植民について記されている『グリーンランド人のサガ』や『赤毛のエイリークのサガ』もそうだ。これらの文献史料については、日本でも盛んに研究が行われている。

　このように現在も豊富に残る中世北欧文学は、近くで見すぎないかぎり、考古資料だけでは殺伐としてしまいがちなヴァイキング像を暖かく膨らませてくれるのである。

2　躍る獣

　ヴァイキング時代のスカンディナヴィア人ももちろん、美術を楽しんだ。彼らが残したものには、エーヴェルフーグダール遺跡（第4章8参照）のタペストリーのような絵画もある。しかし今私たちがいちばん頻繁に見ることができるヴァイキング美術は、石碑や金属製品、木製品などに彫られた装飾文様だろう。なかでも民族移動期に誕生したスカンディナヴィア様式は（第2章2参照）、ヴェンデル期を経てヴァイキング時代に最盛期を迎えている。それでは、これはどのような様式だったのだろうか。

　スカンディナヴィア様式の特徴は、獣の体が長い曲線になってく

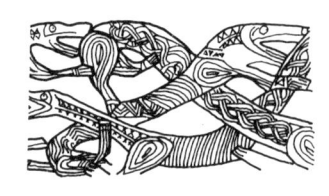

オーセベル様式
(オーセベル船の荷車左側：部分)

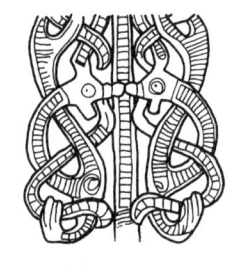

イェリング様式
(ベルトのバックル：部分、出土不明)

リンゲリーケ様式
(風見：部分、ノルウェーのヘッゲン出土)

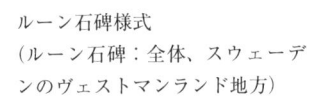

ルーン石碑様式
(ルーン石碑：全体、スウェーデンのヴェストマンランド地方)

図52　各様式の例（スケッチ）

ねったり絡んだりしていることだ。ヴァイキングたちは、とにかく獣柄が好きだった。その付け足しとして渦巻や同心円、植物などの文様をつけることはあっても、中心的なモチーフはいつも絶対的に「躍る獣」だったのである。

　ヴァイキング時代の初めには、先行期からの「ヴェンデルIII様

式」(または「ヴェンデルE様式」)がつづいていた。これはとくにゴットランド島で見られ、S字または8字型に体をくねらせた獣が左右対になっているものだ。獣の顔は横を向いている。

「ブローア様式」はこれが変形したもので、十字で4面に区切られた上半分と下半分で、それぞれ左右対の獣や鳥が彫られたことが多い。この様式では「握り獣」が登場する。握り獣はその獣体がくねり、3本指の足がぐるっと回って体のどこかに触るようになっている。頭は小さく、頭後部に毛を結んだような束がある。これは、ヴァイキング時代前半のボッレ様式まで見られたモチーフだ。ただしブローア様式の握り獣は、顔が正面を向いているものが多い。

「オーセベル様式」はおもに9世紀のもので、「握り獣様式」ともよばれる。ここではブローア様式で誕生した握り獣が洗練され、その体に美しい幾何学文様が飾られる。しかしこれ以前には流れるようにしなやかだった曲線が短く、険しいものになる。

これにつづく「ボッレ様式」では正面を向いた獣の顔に、大きな耳が加わる。また体のくねり具合が押さえられ、獣体の代わりに単なる曲線が体と絡み合うこともある。ボッレ様式では獣は6字型をしたものが多く、線はいっそう短く、かつ太くなる。

10世紀に生まれた「イェリング様式」では獣がもつれる部分がすかし絡み、獣は横向きで2頭が左右対称になっていることが多い。線はボッレ様式に似て太いが、もっとしなやかだ。

ヴァイキング時代後半になるとイェリング様式の流れである「マメン様式」(本章の6参照)とだいたい併行、あるいはすこし遅れて「リンゲリーケ様式」ができる。リンゲリーケ様式の中心的モチーフは獣の頭で、それを体らしき線が取り囲み、さらに渦巻や同心

円がその線のまわりや間に彫られている場合が多い。しかし中には中心的モチーフがなく、ただ曲線だけが躍っているものもある。線は、太いものと細いものが上手に取り合わされるようになる。

リンゲリーケとマメン様式のモチーフには、「巨獣」が好まれた。これは握り獣の流れである横向きの四足獣で、文字通り画面の大半を占めるほど大きく描かれた。巨獣はルーン石碑の絵柄にも出てくる。またリンゲリーケ様式では、「植物文様」も使われた。これは東方世界に見られる文様で、スカンディナヴィアにはフランク王国から入ってきたらしい。

ヴァイキング時代末期の11世紀になると、2つの様式が生まれる。ひとつは「ルーン石碑様式」だ。ここでは横向きに曲がりくねった獣がしばしば8字型を形成するが、その曲線の絡み具合は比較的単純である。獣頭は横に伸び、目は大きく、鼻と後頭部もグンと伸び曲がっている。この様式は、とくにスウェーデン中部で好まれた。

もうひとつは11世紀末に出現する「ウルネス様式」で、ルーン石碑様式をこれに含める研究者もいる。中心的なモチーフはリンゲリーケ様式以来の巨獣で、その首は長く、頭も細い。ウルネス様式はしなやかに流れるような曲線と険しい印象の中心的モチーフとの対比、そして巨獣のたてがみとしっぽの部分で派手な曲線が描かれるのが特徴である。

これらのスカンディナヴィア様式はデーンロー獲得後のイングランドにも影響を与え、地元アングロサクソン人のものと融合して「アングロ・スカンディナヴィア様式」を生んだ。さらにこののちヴァイキング時代が終わり、イングランドの王位がウィリアム征服王(在位1066－1087)の手に渡った後も、その時代にスカンディナヴィア

で流行っていたスカンディナヴィア様式がイングランドでも認められる。

ところが中世のスカンディナヴィア人は、これほどまでに執着していた獣をあまり描かなくなってしまう。これはおそらく、獣が異教と強く結びついたモチーフだったからだろう。実際キリスト教改宗後のヴァイキング時代末期、ルーン石碑の中心的モチーフは十字架になり、獣はその脇で控えめに躍るようになる。そしてやがては石碑から獣自体が消え、十字架を飾るのはその名残のような奇妙に絡んだ曲線になるのである。この変化はあたかも人びとの心のなかから異教が薄れ、キリスト教がこれに取って代わるさまを表現しているようだ。

3　ルーンは語る

ルーン文字は最近 PC ゲームや漫画に登場して、日本でもすこし知られるようになった。しかしどんな場合でも、この文字はおどろおどろしい魔力と深く結びつけられている。実際スカンディナヴィアでもルーンはオージン神がもたらしたもので、超自然的な力ももつと信じられていたといわれる。

これはおそらく、ルーンに表意文字としての側面もあったからだろう。たとえば「ᛋ」と書けばそれは単純に「S」であると同時に、「太陽」の意味もあった。日本人にとっての漢字のようなものである。しかしルーンの本業は表音であり、これはふつうに使われた文字だったという点は誤解されてはならない。

ルーンは 2 世紀ごろ生まれたので、ローマ帝国以北では現存最古

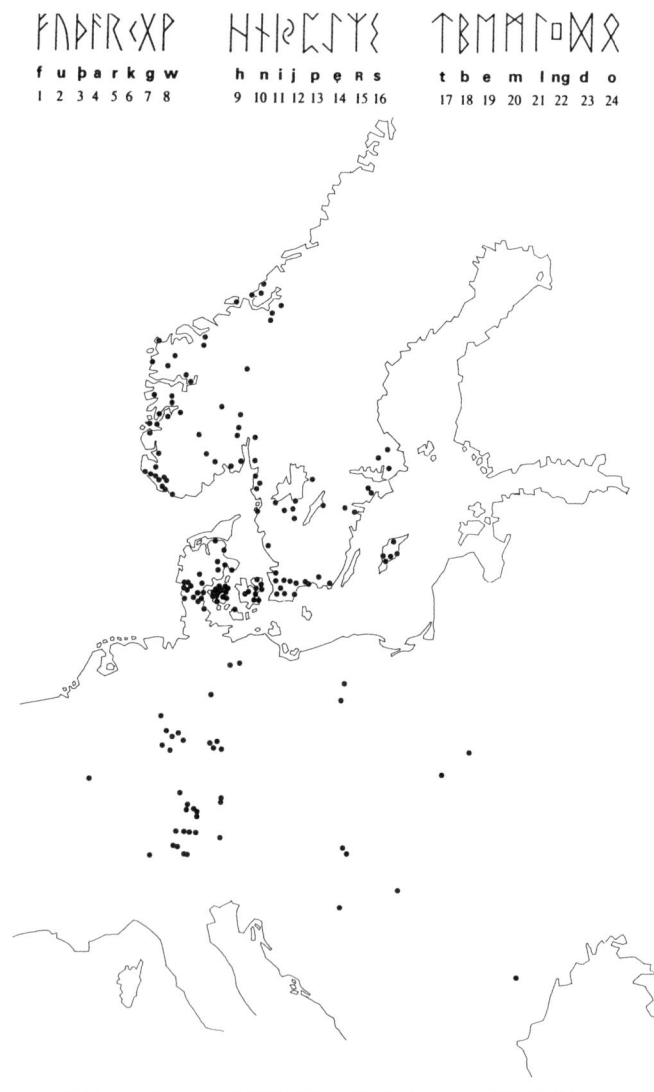

図53 24字ルーンと関連遺物の分布（Jansson 1987より）

の文字ということになる。当初は24字からなり、このころのルーン関連遺物はデンマークを中心とするスカンディナヴィアで圧倒的に多い。しかしヨーロッパ大陸でも、広範囲に渡ってさまざまなゲルマン語方言を記録した。

　そのヨーロッパ大陸ではキリスト教化にともなうラテン文字の普及のため、6世紀ころにはルーンを使わなくなった。一方スカンディナヴィアではヴェンデル期に言語自体に変化があったとみられ、ルーンのアルファベットが16文字に減った。

　この16字のルーンは書き方によって標準ルーン（デンマーク・ルーン）、短枝ルーン（スウェーデン・ルーン）、無幹ルーンの3種類に分けられるが、ルーン・アルファベット（「フサルク」とよばれる）の配列を記号化して彫ってある場合もある。これはつまり、ひらがなの「か」を「2の1（2行目1列目）」と書くようなものだ。この記号表現は、フサルクの順列がきびしく決まっていたからこそできた技だといえる。

　ルーンは古代文字ではない。中世になると27字ルーンという形に変わって使われたし、スウェーデンの一部地域では19世紀まで使用されていた。もっとも中世以降は識字者の多くが教会関係者だったから、ラテン文字の方がどうしても目立っている。

　この文字をともなう遺物は金属製品、動物骨片、木片などが多い。というのも、この文字は基本的に彫るためのものだったからだ。なかでも圧倒的に多く現存するルーン遺物は石碑である。

　ルーン石碑はスウェーデンに約3000例、デンマークに約700例、ノルウェーに約1000例現存している。とりわけスウェーデン中部に集中し、ここには2000例ほどある。石碑の9割以上はヴァイキング

176

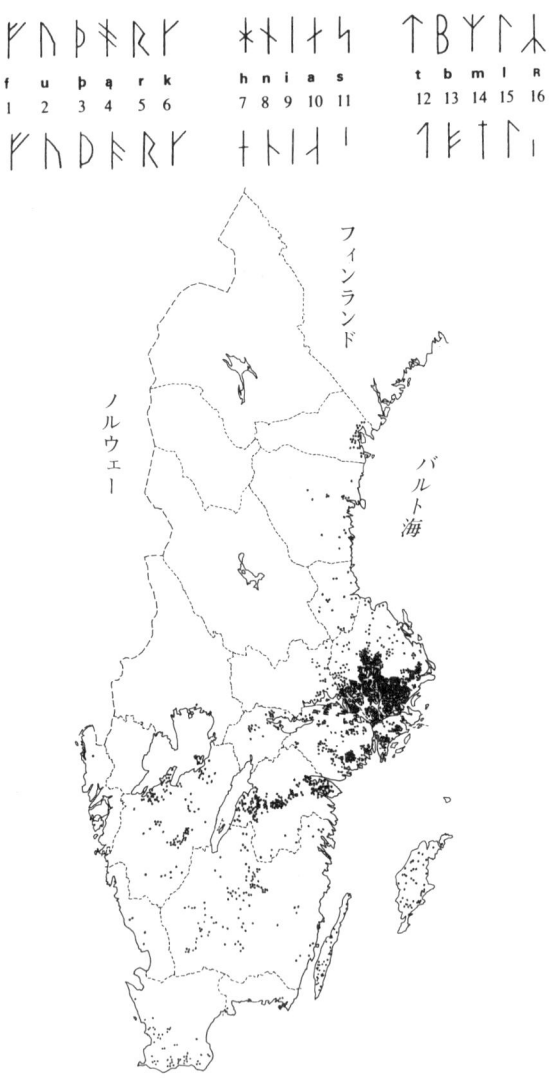

```
ᚠ ᚢ ᚦ ᚭ ᚱ ᚴ      ᚼ ᚾ ᛁ ᛆ ᛋ      ᛏ ᛒ ᛘ ᛚ ᛦ
f  u  þ  ą  r  k      h  n  i  a  s      t  b  m  l  ʀ
1  2  3  4  5  6      7  8  9  10 11     12 13 14 15 16
```

図54　スウェーデンの16字ルーンと関連遺物の分布（Jansson 1987より）

時代に使われた16字ルーンで彫られ、中世初期にこの慣習はほぼ消滅した。つまりルーン石碑は、まさにヴァイキング時代の申し子なのである。

これらの石碑に彫られた文の基本形は、「AがBのために（ルーンを）彫らせた／石を立てさせた」というものだ。このAとBは親子、兄弟が他に抜きん出て多い。そしてこの一文の後に、Bの生前の功

図55　グリプスホルム城のルーン石碑

績や彫った人の名前などがつづくことも少なくない。

　有名な例を挙げよう。スウェーデン中部セーデルマンランド地方のグリプスホルム城に残るルーン石碑には、「トーラは、イングヴァルの兄弟である息子ハーラルドのためにこの石を立てさせた。彼らは男らしく黄金を追って出かけ、東で鷲を養った。彼らは南のセルクランド（サラセン帝国、あるいは黒海地方）で死んだ」と記されている。

　イングヴァルという人物の遠征に同行した人たちのための石碑は、この他にも25例以上が記録されている。じつは彼は『遠征者イ

ングヴァルのサガ』というサガの主人公で、それによれば彼はエームンド年長王（在位1050-1060）の息子だ。このサガのなかで巨人や龍と戦ったり、アマゾネスの国に出かけたりするイングヴァルは、実在の人物でもあったのである。ちなみにこのように海外遠征した人のために立てられたルーン石碑は、現存数の1割を超える。

　ところで上記のルーン石碑が言いたいことは、息子の自慢話だけではない。トーラという女性が、息子ハーラルドの財産を継ぐということも明言しているのだ。石碑に十字架が描かれていることからしても、この家族はキリスト教徒だったはずだ。つまりトーラは、先祖代々の異教墓で相続儀式が執り行えなかった。このため、石碑に誰がハーラルドの財産を継ぐか彫って公言することにしたというわけである（第2章3参照）。これはしかし固定された不文律ではなく、石碑は故人と相続者自身をたたえたい相続者が立てるという記念碑的意味合いも含んでいたのはまちがいない。

　ルーン石碑はこのように土地財産の所有・継承者を公にしたり、「橋を建てさせた」というような場合にはその橋の所有・相続者を明言したりするというたいせつな役割も担っていた。石碑のほとんどが墓域内、農場境界、橋や道の側などにあるのはそのせいだ。

　中世以降石碑の多くがキリスト教会内にもちこまれたため、もともとの位置がわかるものは非常に少ない。しかし石碑の原位置がはっきりすれば、その内容と石碑が所属する農場遺跡を照らしあわせて、ひとつの家族がどのように土地を分配したかが解明されることもある。スウェーデン中部ウップランド地方のグランビー遺跡（Granby）周辺の石碑群、同エーリクスベリ（Eriksberg）現存の岩盤群などがそのよい例である。

図56 「シグルズの彫刻」（スケッチ）

　石碑には文章だけでなく特徴的な絵画も彫られ、それには「ルーン石碑様式」という名までついている（前項参照）。しかしルーン石碑の絵画はほとんどが非常に稚拙で、パターン化されている。それでもわざわざ彫り師の名前が載っている例も少なくないところをみると、石碑を彫るのは誇らしいことだったらしい。彫り師はその芸術的センスではなく、ルーンの知識で社会的尊敬を集めていたのかも知れない。

　もちろんなかには、スウェーデン中部セーデルマンランド地方の「シグルズの彫刻」（Sigurdsristningen）といわれるルーン岩盤のように、伝説を題材にしてみごとな彫刻がなされているものもある。それでも全体的にみればルーン石碑の芸術は、ゴットランド島絵画石碑のそれには遠く及ばない。次の項では、この絵画石碑についてお話しよう。

4　華やかな墓碑

　ルーン石碑には、ゴットランド島の絵画石碑という先輩があった。この島での石碑の歴史は青銅器時代までさかのぼるが、碑に絵柄を彫りはじめたのは4世紀末ころのようだ。これ以降ゴットランド島では1100年ころまで長く絵画石碑の伝統が守られ、その現存数は400を下らない。

　不思議なことに、絵画石碑は当初のものがもっともできがいい。しかし突然高度な技術が誕生するわけはないから、石碑彫りの専門職人がこの島にやってきたのが始まりだといわれている。初期の絵柄はローマ帝国の影響が強く、ケルト文様との関連性も認められるため、この職人はガリア（現在のフランス周辺）辺りから来たのかも知れない。ガリアはローマ帝国の支配下にあったケルト人居住地域である。

　絵画石碑は、すべて記念碑として建てられたと考えられている。古いものは墓碑として墓域内に、新しいものは道端など公共の場にしばしば置かれた。石棺に使われた例も少なくない。しかし石碑の多くはのちの時代に異教墓域や教会墓地に移されて再利用され、もともとの位置がわからなくなってしまっている。

　絵柄に多いのは人物、動物、そして絵画石碑に特徴的な「回転車輪」とよばれるものだ。これは太陽を意味するといわれ、最低でも3色で彩りされたらしい。スカンディナヴィア異教には6世紀から7世紀の間に変化があったようだが、この過渡期に回転車輪がとくに好まれた。石碑の絵画も異教変化以前には幾何学文様や女性像、

第6章 文芸と宗教　181

動物が多いが、変化後には神話や伝説を題材にしたものが増えてくる。さらに画面を何段にも分け、ぎっしりと絵を描くようになるが、彫りは以前より悪くなる。そしていちばん新しい、つまりヴァイキング時代の石碑にはルーン文字や十字架が彫られるようになり、一見ルーン石碑と大差ないものも多い。

しかし絵画石碑とルーン石碑の決定的な違いは、絵を描きたかったか文字を彫りたかったかという点である。ルーン石碑には、文字によって間違いなく伝えたい情報があった。一方の絵画石碑には、人目を惹くような美しさがのぞまれたのである。

図57　絵画石碑の例（上：S型・高さ100cm、下：T型・高さ 207 cm）（Erik Nylén and Jan Peder Lamm, *Bildstenar*, Stockholm, 1987より）

T型　　　M型　　　S型　　　　K型

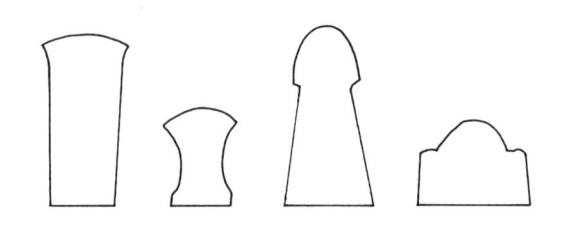

図58　絵画石碑の形式

　ゴットランド島絵画石碑の編年はふつう石の形を基準にして、現在もっとも簡単にはT、M、S、Kの4型に分類されている。「T（前期）型」は400年から500年のもので、「斧型」ともいう。「M（中期）型」は500年から700年のもので、「小人石」というあだ名の通り、他の石にくらべると小さく、芸術性も低い。「S（後期）型」は「キノコ型」、「ペニス型」とも呼ばれ、異教変化後の典型的な絵柄をもっている。700〜1100年の石碑がこれに入る。

　「K（またはKa、棺）型」は、他の3つとは毛色が異なる。これは「石棺石」、つまり石棺に使われたもので、これだけ年代ではなく用途で分類されていることになる。K型は他の型よりも背が低いのが特徴で、S型を潰したような形をしている。K型の時期、つまり石棺に絵画を彫った時期には、500年ころから絵画石碑末期の1100年ころまで含まれる。

　異教時代のゴットランド島では、墓場のあちらこちらに色とりどりの絵画石碑が立っていた。その姿は、さぞ華やかだったろう。それでは、その墓場にはどんな墓が並んでいたのだろうか。

5 弔 い

　後期鉄器時代、とくにスカンディナヴィア半島中部で墳丘墓が大流行したことは前述した（第2章3参照）。しかしスカンディナヴィア全体でもっとも一般的だった墓は、被葬者を火葬した上に石を積み重ねただけの「積石墓」である。その円周にひときわ大きな石を並べたものもあるが、ヴァイキング時代はこの形は少ない。

　積石墓は青銅器時代から主流だった形態で、当時は王墓にも使われた。もっとも青銅器時代の積石墓は土葬で、大型のものになると中に石棺や石室があった。スカンディナヴィア最大の積石墓はスウェーデンのスコーネ地方シーヴィク（Kivik）にあり、直径75mにも及ぶが、これも青銅器時代のものである。

　スカンディナヴィア半島北部やフィンランドでは、この積石墓が異教時代の最後まで圧倒的多数だった。ちなみに表面が平らになるようにきっちりと石を敷きつめた「敷石墓」は民族移動期より前に流行ったが、ヴァイキング時代には見られない。

　スカンディナヴィア人は、石を集めたり並べたりするのが好きだったらしい。このほか前述の船型配石墓（第2章6参照）、さらに「四角型配石墓」、「三角型配石墓」も少なくない。これは遺骨を埋めたまわりを、上から見ると四角形あるいは三角形になるように石を並べる形態だ。ヴァイキング時代には四角型は正方形に近いもの、三角型は各辺が内側に彎曲している正三角形に近いものが特徴である。内部形態では木棺墓のほか墓穴の壁を石や木で整えた石槨墓・木槨墓、船葬墓、デンマークでは荷車を棺桶にした車葬墓などがあ

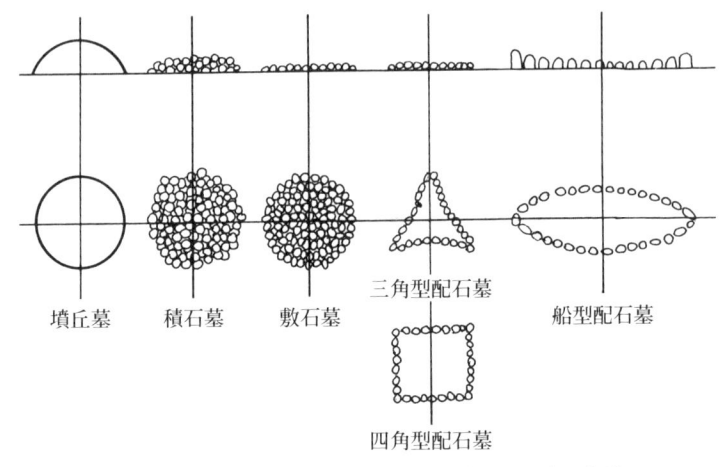

図59 墳墓の外部形態モデル（上図：断面、下図：平面）

る。これに加えて平地墓もあったので、異教時代スカンディナヴィアの埋葬形式は実に自由だったようだ。遺体の処理方法も火葬、土葬ともにあるが、中部スウェーデンでは9割以上が墓をつくった場所で火葬されている。ここで民族移動期以前にあった火葬場は、もはやまったくみられない。

　被葬者はおそらくその人あるいは近親者のもついちばんいい服を着せられ、ビーズの首輪や青銅製のブローチなどの装飾品を身にまとった。副葬品は飲食物を入れた土器、日用品が多く、武具や馬具はめずらしい。なかには犬や馬などの副葬動物もいる。しかし鉄器時代を通して主流だった積石墓、そして配石墓では、副葬品は少ないかまったくない場合も多い。現世の経済状態が来世にまで影響を及ぼすというのは万国共通だが、配石墓にかぎっては経済面以外の制限があったようにも思える。つまりある特定の職業や地位に就い

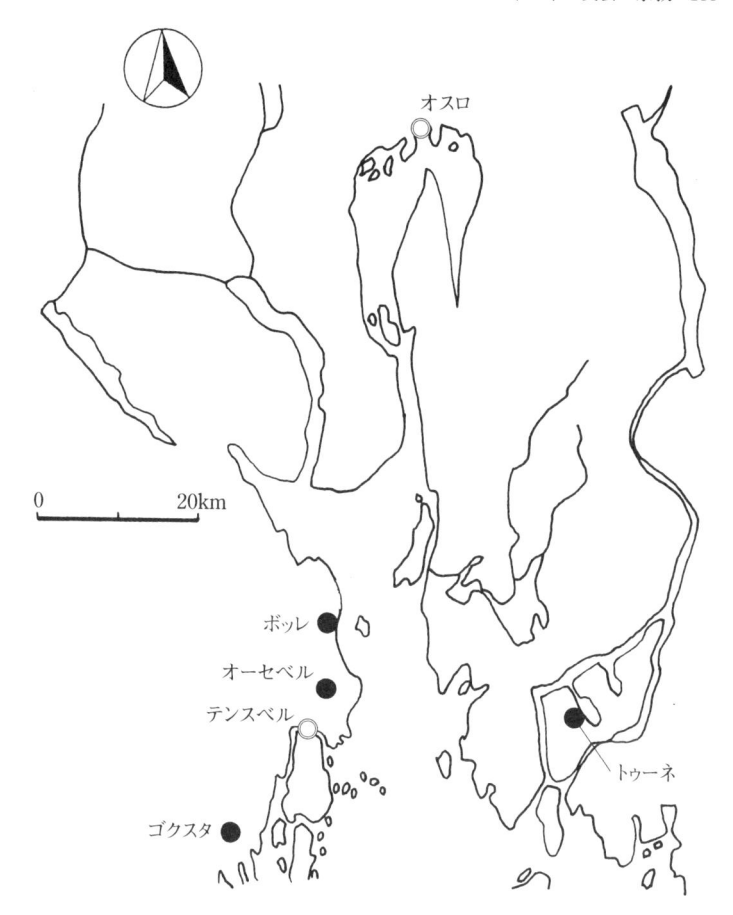

図60　第5項で言及する船葬墓の所在地

ていた人が、決まった型の配石墓に埋葬された可能性も考えられるのである。

　さて、墳丘墓とともにヴァイキング時代を代表する墳墓といえば船葬墓である。ヴェンデル期ではスウェーデンやイギリスのものが

有名だが（第2章6参照）、ヴァイキング時代ではオーセベル（Oseberg）、ゴクスタ（Gokstad）、トゥーネ（Tune）、ボッレなど、ノルウェーで発掘された船が抜群の注目度を誇っている。

　他の特徴的な墳墓同様、これらの船葬墓でも被葬者の問題は論議の的だ。ボッレには船葬墓のほかにも、9基の大型墳丘墓（現存は5基）と2基の大きな積石墓がある。オーセベル船葬墓の被葬者は女性で、埋葬年代が834年ころだったため、南西ノルウェーをはじめて統一したハーラル美髪王の祖母アーサといわれるが、形質人類学者を始めとしてこれには反対意見も多い。ゴクスタ船には、アーサの養子オーラヴが埋葬されたと考えられている。

　これらはいずれもオスロフィヨルド周辺に、800年ころから900年ころの間に築造された。遺物の豪華さは明らかに当時のノルウェーでもトップクラスの人物が埋葬されたことを示しており、またデンマークやフランク王国の影響もうかがえる。このため被葬者が誰か、またこの辺りは当時デンマーク領だったためその人物は「ノルウェー人」だったのか「デンマーク人」だったのかといった問題が話題にされるが、この議論はこれらの船葬墓に関係した他の考古資料が出てこないと何とも進まない。しかしこの地域にはカウパングを始めとする他種の大型遺跡もあり、ヴァイキング時代初期、オスロフィヨルド周辺にスカンディナヴィアでも最大級の権力が存在していたことは間違いないだろう。

　それでは、このなかでもっとも有名なオーセベル船についてすこし詳しく紹介しよう。これはノルウェーのテンスベルにほど近いスラーゲンにあり、1904年に発掘された。早くも中世初期に盗掘にあっていたため、金属製品や装飾品はほとんど残っておらず、遺構自

第6章 文芸と宗教　187

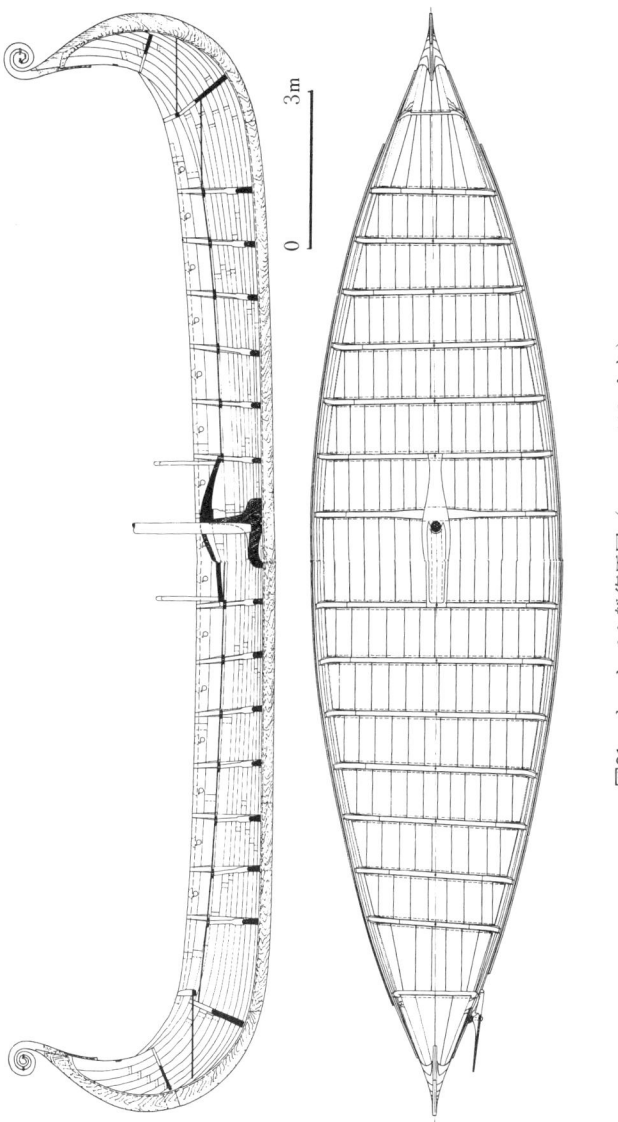

図61　オーセベル船復原図（Sjovold 1985より）

体も相当荒らされていたが、残存遺物はよく保存されていた。このため復原作業は非常に難航したものの、できあがった船の完成度は高いのである。

オーセベル船の長さは21.58m、最大幅は5.10m、高さは最大1.58mである。これは通常のヴァイキング船より小さく、外洋航海のためにつくられたものではない。船はほぼ全体がオーク材でできており、もともと埋葬より50年ほど早く、つまり8世紀中ごろに建造されたとみられる。

この船には荷車と3台の橇が載っていた。荷車は9世紀当時にはすでに使われていなかった古い形で、宗教儀式等のために意図的に古風につくられたようだ。

figure 62 オーセベル船船首

オーセベル船を有名にしたのは船、荷車、そして橇の木材に彫刻された美しい動物文様である。これらはオーセベル様式（本章の2参照）の標準文様だ。その洗練された技術の確かさは、木彫刻専門の芸術家がいたことを暗示している。

その他の遺物としては数少ない金属製品のほか、「仏桶」とよばれる木桶、杓や皿といった台所用品、寝台3つ、天幕2つ、大量の動物遺骨などが見つかっている。「仏桶」という名の由来は、桶の取っ手部分に飾られている彩色された人像が仏像のように足を組んでいるからだ。この「仏桶」と青銅製品は、アイルランドでつくられたらしい。ノルウェー・ヴァイキングがアイルランドを目指したのはオーセベル船がつくられてから半世紀後だが、これらの遺物から襲撃開始以前にもノルウェーとアイルランドの間で交渉があった可能性も考えられるのである。

それでは墓石や墳墓の話が出たところで、次の項ではヴァイキングたちを支えた異教に関連した考古資料にすこし触れておこう。

6　神々の世界

スカンディナヴィアの異教は世界的にもよく知られ、研究されている。ジョルジュ・ドゥメジルやステブリン・カーメンスキイなど、高名な宗教史・神話学者もこれを題材にした。スカンディナヴィアの神話や祭祀は『エッダ』『ヘイムスクリングラ』といった中世文学や、ブレーメンのアダムによる『ハンブルク教会史』などに記録されているため、研究者にとっても取り上げやすいのである。

ところが、これらに表される異教がすなわちヴァイキング時代の信仰そのものだと思ってはならない。まずスカンディナヴィアには統一された宗教組織があったわけではないから、地域性がかなり多様だったに違いない。また自然宗教のパンテオン（神群）は、元来それほど体系だっていないものだ。つまり異教の神々が、神話が文

字にされる段階である程度論理的になるように並べられた可能性は低くないのである。

　そのうえ数多くの逸話、またそれを題材にした石碑の絵柄が残っているからといって、その話に登場する神々すべてが崇拝されていたということにもならない。たとえば、異教信仰研究のひとつに地名学がある。神の名を含む地名の数、分布などを調べる方法だ。これによれば地名に表れる神名はパンテオンの一握りしかなく、さらにそのなかでもオージン神が圧倒的多数を占めている。地名学の成果からすれば、当時のスカンディナヴィア人は神話に登場するほとんどの神々を実際は気にとめていなかったか、あるいはオージンという名がすなわちパンテオンを代表して「神」を意味したかのどちらかだと思われる。

　崇拝対象の極端な偏りは、考古資料でも指摘できる。異教スカンディナヴィアは神殿をもたなかったので、資料といえばもっぱら遺物になるわけだが、逸話の一場面として石碑などに描かれるものを除いては、そのほとんどがソール神関連だ。

　この典型的な遺物が、ヴァイキング時代非常に好まれた「ソール神の鎚」とよばれる装飾品である。これはソール神のミョッルニル鎚を模ったT字型のペンダントで、スカンディナヴィア各地でかなり多く発見されている。またユラン半島のマメンに970年ころ築造された墳丘墓で発見された直径17.5cmほどの鉄鎚には、みごとな文様が彫られ、そこに金銀が塗り入れられている。この絵柄は「マメン様式」の標準文様だ（本章の２参照）。マメンの鉄鎚はソール神の鎚を模した、祭祀用のものとみられている。

　こうしてみると、ヴァイキング時代にはもっぱらソール神とオー

ジン神が崇拝されていたような感を受ける。おそらく当時のスカンディナヴィア人が実際崇めたのはこのほか豊穣神フレイなどごく限られた神々だけで、あとは神話・逸話として知っているという程度だったのだろう。

多神教ならではのこの柔軟性は、キリスト教の神ですらパンテオンの一人として受け入れた。改宗前後の時期には、異教とキリスト教が平気で混在している。異教墓域のなかにキリスト教墓があるのはめずらしくない。ルーン石碑にも異教柄に囲まれてキリスト教の文句が彫られているし、ユラン半島のトレンゴーエン (Trendgaarden) で出土した10世紀の鋳型には、ソール神の鎚と十字架の型が並んでいる。さらにアーデルスエー島フーヴゴーデン (第3章6参照) の墳丘墓では、異教墓なのに十字架の服飾品が発見されている。装飾文様にはキリスト教の間接的影響が民族移動期ころからときどき見られるが、これが単なる柄以上の意味をもつようになったのはヴァイキング時代に入ってからのようだ。

もうひとつ、出土遺物を見るとおもしろいことがわかる。ほとんどの場合、神そのものの姿が出てこない点だ。要するに当時のスカンディナヴィア人には神像ではなく、象徴が好まれたのだ。したがって異教神像の発見数が非常に少ないのは、のちのキリスト教が異教神崇拝を嫌悪して処分したこともあるかも知れないが、もともと神像自体が少なかった可能性が高い。キリスト教徒が十字架を仰ぐように、先史時代のスカンディナヴィア人はソール神の鎚に祈りを捧げたのだろうか。

ところで前項でも触れたが、この異教にもヴェンデル期初めころに大きな変化があったようだ。石碑にリアルに、言ってしまえば漫

画のように逸話が描かれるようになるのはヴェンデル期後半からヴァイキング時代になってからで、それ以前は太陽（車輪）、船、動物、人物などを彫るのが常だった。これは遅くとも青銅器時代からの、伝統的な手法でもある。要するに『エッダ』等中世文学の題材になるような話が好まれるようになった時期は、考古学的にはせいぜいヴェンデル期後半までしかさかのぼれないのである。

さらに『ヘイムスクリングラ』によれば、死者は副葬品とともに火葬すること、高貴な人びとには塚をつくることなどはオージン神の言によるものだ。そして墓の場所で火葬する墳丘墓が出現するのは民族移動期末で、これが大きく流行しはじめるのはヴェンデル期後半になってからである（第2章3参照）。

こうしてみるとこの異教転換期が大規模に、しかも突然降って湧いたかのような不自然さをもって到来したような感を受ける。スカンディナヴィアに残る伝説の多くは中央ヨーロッパのゲルマン世界が起源だといわれる点、言語にも変化が見られる点（本章の3参照）、祭政中心地や大型農場にも変化があった点（第1章参照）、墓の場所で火葬する墳丘墓がライン川流域あたりから社会最上層部によって導入されたとみられる点などを考えると、この異教転換には主導者の大がかりな入れ替えがかかわっているのかも知れない。

それではこの章の最後に今まで述べてきた異教に関連して、その中心地のなかでとりわけ注目されているガムラ・ウップサーラ遺跡内の「伝異教神殿址」についてお話ししよう。

7　謎の異教神殿

　11世紀ブレーメンのアダムは『ハンブルク教会史』のなかで、ウップサーラには異教神殿があること、その神殿は丘に囲まれていること、中の祭壇にソール、オージン、フレイの三神像があることを語っている。さらにここで9年ごとに行われる大きな祭祀では人や動物が神殿近くの野に吊るされ、そこにはまた供物奉納用の泉があることなども書かれている。

　ところがアダム自身はスウェーデンを訪れたことがなく、デンマークでの噂話がこの記述の基礎になっているといわれる。情報源の危うさもあって、この文献の異教神殿がどこにあったのかという問題は早くも15世紀から話題になった。

　1926年、ガムラ・ウップサーラ教会床下を調査していた考古学者スーネ・リンドクヴィストが、アダムのいう異教神殿址を発見したと報告した。もしこれが本当ならスカンディナヴィア初の異教神殿発見というわけで、当時は一大センセーションとなった。

　問題のガムラ・ウップサーラ教会は12世紀、「王墓群」と「集会の丘」の裏に建てられたものである。リンドクヴィストによればこの下にもうひとつ教会址があり、これは現存の石造教会に建て替えられる前にあったはずの木造教会だ。そしてこの木造教会の下、つまりヴァイキング時代の層に柱穴列があり、そこから建築物を復原すると二重の正方形をしたものになる。こんな奇妙な住居址はない。したがってこれこそがアダムのいう異教神殿址に違いないというわけだった。

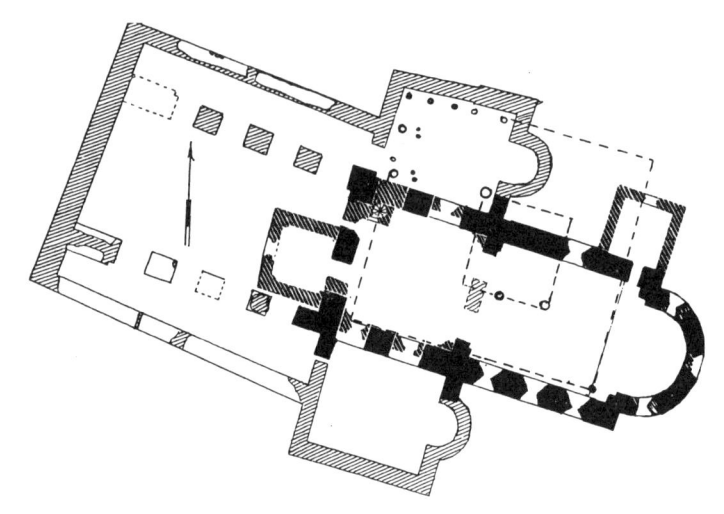

図63 リンドクヴィストによるウップサーラ異教神殿の復原図（Else Nordahl ... *templum qund Ubsola dicitur ... i arkeologisk belysning*, Uppsala 1996より：点線部分。黒い部分は木造教会、斜線は石造教会）

ところが、かねてから問題になっていたある史料があった。これは12世紀前半から13世紀後半に書かれ、現存教会とそれ以前の教会、および異教神殿との位置関係を記したもので、17世紀に出版されたが、18世紀のウップサーラ大火で失われていた。そして1967年、シェル・クムリエンが17世紀の出版者による断片的な情報をもとにこの史料を整理復原し、異教神殿の位置に関する論文を発表した。これによると現存するガムラ・ウップサーラ教会は異教神殿の上にはあるが、木造教会址の上にあってはいけなかったのである。リンドクヴィストはクムリエンの説を受け入れ、問題の柱穴列はアダムのいう異教神殿ではなく、別の神殿址に属するかも知れないと自説を修正した。

もっとも、この史料自体の信憑性を疑う声も少なくない。一方でリンドクヴィストの調査結果も、のちの研究者によって批判されている。問題の柱穴列も、ロングハウスの一部ではないかと見る人もいる。いずれにしても異教神殿存在の是非は現存教会の床下だけでなく、その周辺も含めた大規模調査が行われるまで解決しない難問である。

第7章　流星の尾

　最終章ではまずヴァイキングの特性を大雑把に再考し、それから中世以降の人びとがヴァイキングをどう見たかについて、研究概史を含めてお話ししよう。

　ヴァイキングは、異教スカンディナヴィアの集大成だった。その一方で「ヨーロッパ文化」ともっとも深く接触し、もっとも大きな影響を受けた点で中世スカンディナヴィア形成の立役者でもあった。皮肉にもヴァイキングという異教世界の有終の美は、活動すればするほど自分の首を絞めることになったわけだ。

　ところで現代ですら戦闘に掠奪や領土剥奪はつきものだし、ヴァイキングの造船技術や武具製造技術、戦術などは他国とくらべてずば抜けて先進的だったわけではない。それなのになぜ、彼らはあれほどヨーロッパ世界を振り回すことができたのだろうか。

　これは簡単に言えば、ヴァイキングの価値観がキリスト教ヨーロッパ人のそれと大きく異なっていた点に起因する。彼らは他の北西ヨーロッパ人たちと似たような顔立ちをしているくせに異教徒で、キリスト教の聖域を平然と侵した。殺人や掠奪は悪ではなく、自分の生活を維持・発展させるための付随的行為にすぎなかった。

　価値観の違いは、戦闘の「種類」にも影響した。彼らは掠奪それ自体を堂々と大義名分として掲げ、それに正当性があるか否かは問

図64　12世紀のイングランド人からみたヴァイキング
（聖エドムンド墓所画部分スケッチ：866年の侵攻を描いたもの）

題にしなかった。このため被害諸国は外交的方法による円満解決がのぞめないだけでなく、どこが狙われているのか、何を防衛すべきか混乱するはめになった。

　このいかんともしがたい価値観の相違にヨーロッパ側が振り回された最大の理由は、スカンディナヴィアに対する情報が極端に不足していたことである。かくいうヴァイキングもまったく同じ理由で、鉄製の武具すらもたなかった新大陸の先住民相手になす術がなかった。

　おそらくヴァイキングも、最初は自分たちがこれほどまでに成功

をつづけるとは思わなかっただろう。しかしやがてエスカレートしたヴァイキング行為は、ヨーロッパの領土を手に入れることによって自らを否応なくヨーロッパ世界に押し込んだ。そしてこれはヴァイキングの特性も存在価値も、自分で否定してしまうことだったのである。

　ヴァイキング時代が終わると、長い間ヴァイキングはスカンディナヴィア史の表舞台から姿を消す。キリスト教国となった当地にとって異教時代の過去は好ましくなかったし、「ヨーロッパ的洗練」がなかったヴァイキング世界はあまり格好よくなかった。

　しかしヴァイキングに興味があるという人は、いつの時代にもいた。サガを始めとする中世北欧文学がその証拠だが、これら文学の筆頭者であり『ヘイムスクリングラ』や新『エッダ』の作者であるスノッリ・ストゥルルソン（1179—1241）は、イングランド北東部のスカンディナヴィア語系地名分布からデーンローとスカンディナヴィアの関係を証明しようともした。

　だが前世紀までは、ヴァイキング時代への興味は強い古代の王や伝説的な英雄への賛辞でしかなかった。研究者とお国自慢のネタを探す聖職者は中世文学に強い影響を受け、王や英雄がどこに葬られたかを論議するか、銀の埋納遺構などの「お宝」探しに奔走するかのどちらかだった。スカンディナヴィア発掘調査の歴史は17世紀までさかのぼるが、初期の調査はすべてこの類のものである。

　ヴァイキングがふたたび脚光を浴びるのは19世紀、民族ロマン主義や国民運動が盛り上がりはじめてからの話である。スカンディナヴィアの独自性を凝縮し、ただの農民が主人公だったヴァイキング時代は、一般民衆にとってこの上なく誇らしい時代となった。「ヴ

ァイキング」という名が定着したのも、このころである。そしておそらくデンマークのヴィクセー島で出土した青銅器時代の兜のようなものからヒントを得て、ヴァイキングの兜にも角をつけ、その姿を好みにあわせて変貌させたのである。

このころ、研究の方法にも変化が現れる。考古学的手法の開花が早かったスカンディナヴィアでは三時代区分法、花粉分析法、氷河年代測定法などが考案され、ヴァイキング考古学は夢物語から科学へと進路を変更した。しかしこれらの方法はどれも、ヴァイキング考古学者が考えついたものではない。ヴァイキング研究者にとって中世の文献という偉大な資料は、同時に考古資料そのものとの間の障壁にもなってしまったのである。

今世紀前半になると、ヴァイキングはプロパガンダにも使われた。ドイツではワーグナーが取り上げ、ヒットラーが利用した。世界が戦争に明け暮れる風潮のなか、研究者たちは無難な発掘調査や遺物研究をつづけるか、伝説の王の話をするしかなくなった。

今世紀後半になると、考古学に世界的な変化が現れる。スカンディナヴィアはその流れに非常に早く乗り、ヴァイキング時代の一般社会に目を向けるようになった。しかしその代償としてかつて研究の中心にあった文献史料と考古資料の比較、王墓や国王居館の研究、遺物編年などがなおざりにされてしまう。この傾向は現在もまだつづいており、たとえばスウェーデンの王墓研究者は1999年現在で大学院生ひとりだけという惨憺たる状況である。

しかし近年は科学分析法が目覚しく発展したためもあって、遺物研究は盛り返しているようだ。もっとも、これには景気も関係している。国内経済が悪化して建築着工率が下がると、緊急発掘件数が

減る。つまり新しい考古資料が減少する。限られた情報のなかで新しい研究をするためには、過去の資料を再検討するしかないのである。

　昨年、スウェーデンでは博士課程に期限が設けられた。そのため現在多くの大学院生が、突貫工事で学位論文に取り組んでいる。この数年内に興味深い論文が次々と出版されると思えば楽しみではあるが、逆に時間をかけてゆっくり取り組まなかったため浅薄な論文しか書けないこともあるのではないかと、心配にもなる。もっとも、これはスウェーデンだけの問題ではない。ヴァイキングの子孫もサムライの子孫も、気がつけば同じような状況にある。

参考文献一覧

　スカンディナヴィアのヴァイキング考古学に関連する文献は、日本語・英語とも非常に少ない。最近はインターネットで英語によるヴァイキング関係のホームページが多くなったが、玉石混交なので、Viking Heritage（在スウェーデン・ヴィスビュー）など正式な研究機関が作成しているものから始めるといいだろう。もっとも発掘報告書を含めた専門情報はほとんどが各北欧語で書かれるので、本格的な研究を目指す方々はやはり対象地域の言語を習得することが不可欠になる。

　ここでは本文に直接引用した、あるいは大部分を参考にした日本語・英語文献を記載したが、著者の使用した情報の大半は北欧語文献による。より深く全体像を把握したい方には、以下を始めとする概説書をお勧めする。各概説書にも細かい参考文献が掲げてあるので、それらも利用していただきたい。

全体に関わるもの

アルムグレン、ベッティル編、蔵持不三也訳『図説　ヴァイキングの歴史』原書房、1990年。

熊野聰『北の農民ヴァイキング―実力と友情の社会―』平凡社、1983年。

グラハム゠キャンベル、ジェイムズ編、熊野聰監修、伊東豊・角谷英則・ヒースマン姿子訳『図説世界文化地理大百科　ヴァイキングの世界』朝倉書店、1999年。

ブレンステズ、ヨハネス著、荒川明久・牧野正憲訳『ヴァイキング』人文書院、1988年。

百瀬宏・熊野聰・村井誠人編集『新版世界各国史21　北欧史』山川出版社、1998年。

Sawyer, Peter ed. (1997) *The Oxford Illustrated History of the Vikings*, Oxford.

第1章

ティンダール、ビルギッタ著、村井誠人監修、ヒースマン姿子訳『スウェーデン史速歩き』ビネバル出版、1999年。

ハストロプ、キアステン編、菅原邦城・新谷俊裕訳『北欧社会の基層と構造 1 北欧の世界観』東海大学出版会、1996年。

百瀬宏・村井誠人監修『世界の歴史と文化 北欧』新潮社、1996年。

ヤコブセン、ヘリエ・S著、村井誠人監修、高藤直樹訳『デンマークの歴史』ビネバル出版、1995年。

Helmfrid, Staffan ed.(1996) *The Geography of Sweden*, Stockholm.

Raab, Birgitta and Vedin, Haldo ed.(1995) *Climate, Lakes and Rivers*, Stockholm.

第2章

佐藤彰一・早川良弥編著『西欧中世史〔上〕—継承と創造—』ミネルヴァ書房、1995年。

角谷英則「中世初期スウェーデン社会の一局面—ヘリエーの遺跡群をめぐる諸問題—」『史林』80巻5号、139-158頁、1997年。

角田文衞『北欧史』山川出版社、1960年。

角田文衞『沈黙の世界史5 ヨーロッパ』新潮社、1971年。

Ambrosiani, Björn (1985) Aristocratic Graves and Manors in Early Medieval Sweden, *Archaeology and Environment 4*, pp.109-118, Umeå.

Borg, Kaj, Ulf Näsman and Erik Wegraeus ed.(1976) *Eketorp. Fortification and Settlement on Öland/Sweden*, Stockholm.

Bruce-Mitford, Rupert (1975) *The Sutton Hoo Ship Burial Vol.1*, London.

Bruce-Mitford, Rupert (1978) *The Sutton Hoo Ship Burial Vol.2*, London.

Bruce-Mitford, Rupert (1983) *The Sutton Hoo Ship Burial Vol.3*, London.

Care Evans, Angela (1989) *The Sutton Hoo Ship Burial*, London.

Clarke, Helen and Ambrosiani, Björn (1991) *Towns in the Viking Age*, Leicester.

Hedeager, Lotte tr. Hines, John (1992) *Iron-Age Societies*, Oxford.

Hill, David (1988) Unity and diversity-a framework for the study of European towns, *The rebirth of towns in the west AD700-1050*, pp. 8-15, London.

Hodges, Richard (1988) The rebirth of towns in the early Middle Ages, *The rebirth of towns in the west AD700-1050*, pp. 1-7. London.

Jensen, Stig (1991) *The Vikings of Ribe*, Ribe.

Lamm, Kristina et al. (1978) *Excavations at Helgö V : 1 : Workshop Part II*, KVHAA.

Lundström, Agneta ed. (1988) *Thirteen Studies on Helgö*, SHM.

Nelson, Janet (1997) The Frankish Empire, *The Oxford Illustrated History of the Vikings*, pp. 19-47. Oxford.

Nordström, Hans-Åke ed. (1983) *Vendel Period Studies*, SHM.

Sawyer, Peter (1997) The Age of the Vikings, and Before, *The Oxford Illustrated History of the Vikings*, pp. 1-18. Oxford.

Wilhelm, Holmqvist ed. (1961) *Excavations at Helgö I : Report for1954-1956*, KVHAA.

Wilhelm, Holmqvist (1964) *Excavations at Helgö II : Report for 1957-1059*, KVHAA.

Wilhelm, Holmqvist (1970) *Excavations at Helgö III : Report for1960-1964*, KVHAA.

Wilhelm, Holmqvist (1972) *Excavations at Helgö IV : Workshop Part I*, KVHAA.

Wolfram, Herwig (1988) *History of the Goths*, Los Angeles.

第3章

市原宏一「バルト海南岸の交易地―近年の発掘成果から―」『環バルト海研究会第1回現地調査報告書』SIS/GSHI Discussion Paper No. 99-1、10-20頁、1999年。

神田姿子「スコピントゥル―ヴィーキング期の船火葬墓―」『溯航』第13号、29-43頁、1995年a。

神田姿子「アーデルスエー島―ビルカの王の住むスヴェアの島―」『北欧史研究』第12号、33-46頁、1995年b。

Ambrosiani, Björn (1998) Ireland and Scandinavia in the Early Viking Age : an Archaeological Response, *Ireland and Scandinavia in the Early Viking*

Age, pp. 405-420. Dublin.

Callmer, Johan (1994) Urbanization in Scandinavia and the Baltic region c. AD700-1100: Trading Places, Centres and Early Urban Sites, *Birka Studies* vol.3, pp.50-90. Stockholm.

Clarke, Helen and Ambrosiani, Björn (1991) *Towns in the Viking Age*, Leicester.

Feveile, Claus (1994) The Latest News from Viking Age Ribe: Archaeological Excavations1993, *Birka Studies* vol.3, pp.91-99. Stockholm.

Helle, Knut (1998) The History of the Early Viking Age in Norway, *Ireland and Scandinavia in the Early Viking Age*, pp. 239-258. Dublin.

Hårdh, Birgitta (1996) *Silver in the Viking Age. A Regional-Economic Study*. Stockholm.

Jensen, Stig (1991) *The Vikings of Ribe*, Ribe.

Malmer, Brita (1985) Circulation of monetary silver in the Baltic Area during the Viking Age, *Society and Trade in the Baltic during the Viking Age,* Visby.

Myhre, Björn(1998) The Archaeology of the Early Viking Age in Norway, *Ireland and Scandinavia in the Early Viking Age*, pp. 3-36. Dublin.

Noonman, Thomas S. (1997) Scandinavians in European Russia, *The Oxford Illustrated History of the Vikings*, pp.134-155. Oxford.

Sturdy, David (1995) *Alfred the Great,* London.

Westholm, Gun (1985) The settlement at Vi, at the foot of the cliff, *Society and trade in the Baltic during the Viking Age,* Visby.

第4章

市原宏一「南部バルト海沿岸西ポンメルンのスラヴ人交易定住」『大分大学経済論集』49巻、1-27頁、1997年。

神田姿子「北欧の少数民族サーミについて」『北奥古代文化』第22号、74-82頁、1992年。

Doherty, Charles (1998) The Vikings in Ireland; a Review, *Ireland and Scandinavia in the Early Viking Age,* pp.288-330. Dublin.

Dolukhanov, Pavel M. (1996) *The Early Slavs*, London.

Hall, Richard (1994) *Viking Age York*, London.

Hinton, David A. (1990) *Archaeology, Economy and Society. England from the fifth to the fifteenth century*, London.

Keynes, Simon (1997) The Vikings in England, c.790–1016, *The Oxford Illustrated History of the Vikings*, pp.48–82. Oxford.

Mckitterick, Rosamond (1983) *The Frankish Kingdoms under the Carolingians 751–987*, London.

Nelson, Janet (1997) The Frankish Empire, *The Oxford Illustrated History of the Vikings*, pp.19–47. Oxford.

Noonman, Thomas S. (1997) Scandinavians in European Russia, *The Oxford Illustrated History of the Vikings*, pp.134–155. Oxford.

Ó Corráin, Donnchadh (1997) Ireland, Wales, Man and the Hebrides, *The Oxford Illustrated History of the Vikings*, pp.83–109. Oxford.

Ó Corráin, Donnchadh (1998) Viking Ireland–Afterthoughts, *Ireland and Scandinavia in the Early Viking Age*, pp.421–452. Dublin.

Ottaway, Patrik (1992) *Archaeology in British Towns from the Emperor Claudius to the Black Death*, London.

Rafnsson, Sveinbjörn (1997) The Atlantic Islands, *The Oxford Illustrated History of the Vikings*, pp.110–133. Oxford.

Ramqvist, Per H.(1992) *Högom. The excavations 1949–1984*, Umeå.

Smith, Kevin P.(1995) Landnam : the settlement of Iceland in archaeological and historical perspective, *World Archaeology* vol.26 No.3, pp.319–347.

第5章

熊野聰『北欧初期社会の研究』未來社、1986年。

シュレーダーマン、ピーター著、五十嵐洋子訳『開かれた封印 古代世界の謎13 バイキング伝説』主婦と生活社、1998年。

Callmer, Johan (1994) Urbanization in Scandinavia and the Baltic region c. AD700–1100 : Trading Places, Centres and Early Urban Sites, *Birka Studies* vol.3, pp.50–90. Stockholm.

Hill, David (1994) An urban policy for Cnut? *The Reign of Cnut : King of England, Denmark and Norway*, pp.101–105. London.

Hinton, David A. (1990) *Archaeology, Economy and Society. England from the fifth to the fifteenth century,* London.

Jonsson, Kenneth (1994) The cointage of Cnut, *The Reign of Cnut : King of England, Denmark and Norway,* pp.193-230. London.

Lund, Nils (1994a) Cnut's Danish Kingdom, *The Reign of Cnut : King of England, Denmark and Norway,* pp.27-42. London.

Lund, Nils (1994b) If the Vikings Knew a Leding-What Was It Like?, *Birka Studies* vol.3, pp.98-105. Stockholm.

Lund, Nils (1997a) The Danish Empire and the End of the Viking Age, *The Oxford Illustrated History of the Vikings,* pp.156-181. Oxford.

Lund, Nils (1997b) Is leidang a Nordic or a European phenomenon?, *Military Aspects of Scandinavian Society in a European Perspective, AD1-1300,* pp. 195-199. Copenhagen.

Sawyer, Birgit (1994) The evidence of Scandinavian runic inscriptions, *The Reign of Cnut : King of England, Denmark and Norway,* pp.23-26. London.

Sawyer, Peter (1994) Cnut's Scandinavian empire, *The Reign of Cnut : King of England, Denmark and Norway,* pp.10-22. London.

Stilje, Emma Kristina (1999) A trelleborg in Trelleborg, *Viking Heritage Newsletter 2,* p.14.

第6章

熊野聰『サガから歴史へ―社会形成とその物語―』東海大学出版会、1994年。

菅原邦城訳 「遠征王ユングヴァルのサガ」『日本アイスランド学会公刊論文集』第6号、134-164頁、1989年。

谷口幸男訳『エッダ―古代北欧歌謡集―』新潮社、1973年。

谷口幸男訳『アイスランド・サガ』新潮社、1979年。

バイヨック、ジェシー・L著、柴田忠作訳『アイスランド・サガ―血讐の記号論―』東海大学出版会、1997年。

ヒースマン姿子「ルーン石碑はなぜ立てられたか」『日本アイスランド学会会報』第14号、10-28頁、1994年。

ページ、レイ著、矢島文夫監修、菅原邦城訳『ルーン文字』大英博物館双書、失われた文字を読む7、学芸書林、1996年。

Byock, Jesse L. (1988) *Medieval Iceland. Society, Sagas and Power*, Berkeley.

Jansson, Sven B. F. (1987) *Runes in Sweden*, Stockholm.

Sjøvold, Thorleif (1985) *The Viking Ships in Oslo*, Oslo.

Sorensen, Preben Meulengracht (1997) The Vikings in History and Legend, *The Oxford Illustrated History of the Vikings*, Oxford, pp.225–249.

ヴァイキング関連事項年表

AD	イングランド・アイルランド	スカンディナヴィア	その他
793	リンディスファーン襲撃（イングランド）		
841	ロングフォート建設開始（アイルランド）		
860ころ			フェーロー諸島植民開始
862			ノヴゴロド王国創建（ロシア）
867	ヨーク占領（イングランド）		
870ころ	アイスランド植民開始		
882		ハーラル美髪王による南西部統一（ノルウェー）	オークニー・ヤール国成立
885	デーンロー割譲（イングランド）		キエフ公国創建（ロシア）
911			ノルマンディー東部割譲（フランス）
914			アルターニュ征服（フランス）
936			アルターニュ撤退（フランス）
954	デーンロー撤退（イングランド）		
965		ハーラル青歯王による統一、改宗（デンマーク）	
985		オーラヴ・トリュッグヴァソンによる統一（ノルウェー）	グリーンランド植民開始
995			

1000ごろ		ウーロヴ従属王による統一、改宗（スウェーデン）	アイスランド改宗 アメリカ大陸植民開始
1013		スヴェン又髭王イングランド王位篡奪（デンマーク）	
1042	デンマークのイングランド支配終わる		
1060ごろ		エーリク朝滅亡（スウェーデン）	
1066	スタムフォード橋頭の戦い、ハーラル苛烈王戦死（イングランド）ヘイスティングスの戦い、ウィリアム征服王戴冠（イングランド）		
1169	ダブリンのノルウェー支配終わる（アイルランド）		
1266			ノルウェーのマン島および島嶼部王国支配終わる
1468			デンマークのオークニー・シェトランドおよびケースネス・ヤール国支配終わる
1400後半			グリーンランド撤退

おわりに

　日本には、ヴァイキング考古学に関連する総括的文献がほとんどない。そのため本書がこの分野に興味をもつ方々の入門書となり得るように、できるだけ広く話題に触れるようつとめたつもりである。

　もっとも、最近はスカンディナヴィアでもヴァイキング世界の社会像を描く文献が減ってきている。当地の考古学雑誌は、このごろ環境考古学と科学分析報告書で占められている。特に科学分析の分野では理系研究者の参入が目覚しく、彼らは考古学者が今まで思いつかなかったような新しい視点からの報告もするため、実に新鮮で楽しい。

　しかし、これには問題もある。研究内容が細分化するがゆえに、同じ時代・同じ社会を扱っているはずの互いの研究が、交わらなくなってしまうのである。その結果ヴァイキング社会、あるいはヴァイキング考古学界全体が散布図のような「点の集まり」になっている。

　人間社会はいつの時代であろうと、時間的・空間的・形而上的に絡み合う３Ｄであるはずだ。そして考古学の最大の目標は、過去の社会を復原することである。そうなると無量大数に向かってひた走る各々の研究を散在させたまま放置するのではなく、点を集めて過去を「描く」試みも怠ってはいけないと思う。

　ヴァイキング世界は、突然誕生した社会ではない。ヴァイキングに興味があるなら、すくなくともその直前直後の時代、そして周辺地域の動向にも目がゆくのは当然である。本書では周辺地域につい

ては適宜、直前の時代については第1章、直後は第5章の一部と第7章で紹介したが、これらにあまり多くのページを割くことはできなかった。

　筆者の目下の興味は、先行期にある。ヴァイキング時代にみられる現象の多くは、そのルーツを民族移動期までたどることができる。そしてこのころみられる大きな社会的変化には、「ゲルマン民族の大移動」が密接に絡んでくる。これは本当に興味深いのだが、何しろこの民族移動期は汎ヨーロッパ的に壮大な歴史物語が展開された時代で、およそ1章分のスペースでお話できるものではない。これについては、いつか別の機会にご紹介したい。

　筆者の研究をこのような形でまとめることができたのは、ひとえに早稲田大学大学院の指導教授であった菊池徹夫先生のおかげである。先生はこの無遠慮で身勝手な学生を常に暖かく丁寧にご指導くださり、研究のご教示だけでなく、ほかのさまざまな相談やお願いごとにも手を差し伸べてくださっている。ここに、あらためて心からの感謝を申し上げたい。

　また熊野聰先生（名古屋大学）には本書の第5章2および第6章1を推敲頂いたうえ、出産といっては休学し、ゼミでは毒づくという面倒な不肖の弟子である私に、忍耐強くお付き合い頂いている。ラーシュ・ラーション先生（ルンド大学）は本書のために未発表の調査結果情報などを提供してくださっただけでなく、いつもどんな質問や相談にも暖かく、前向きで楽しいお返事をくださる。上記の先生方にもまた、厚く感謝の意を表したい。

　さらに本書の執筆にあたって参考文献を山のようにお送りくださ

ったステーン・テッシュ先生（シグトゥーナ博物館長）、再三の質問にも実に細かくご返答頂いたビョルン・アンブロシアーニ先生(スウェーデン国立歴史博物館)、アンデシュ・カールソン先生（ストックホルム大学）、ダン・カールソン先生（ヴィスビュー高等専門学校）、ウーヴェ・ヘンメンドーフ先生(イェムトランド博物館)、マーティン・ウェルシュ先生（ロンドン大学）、シェル・シルヴェル氏（ウップサーラ大学大学院）にも大変お世話になった。筆者が本書で使用した文献の大部分は上記の先生方からお教え頂いた北欧語文献であるため、参考文献の欄には掲載しなかった。本書の地名・人名等の表記についてはスウェーデン語は菅原邦城先生（大阪外国語大学）、デンマーク語は村井誠人先生（早稲田大学）、古英語は伊藤盡氏（慶應義塾大学）にご助言賜った。以上の先生方には原稿をお読みいただいたわけではないので、本書に関連する過失はすべて筆者の責任である。また友人の鈴木教子氏は本書の原稿すべて、吉田雅之氏は第1章について文章表現上の助言を与えてくださった。以上の方々、そして同成社の諸氏に深くお礼を申し上げる次第である。

　最後に本書執筆中、主婦業も母親業もほとんど放棄していた私を暖かく見守ってくれた娘たちをはじめとする家族にも、この場を借りて感謝の言葉を伝えたい。

　2000年9月10日

ヒースマン　姿子

遺 跡 索 引

ア

アーレの石（スウェーデン・スコーネ地方にある船型配石墓）　39, 40
アガスボー（デンマーク・ユラン半島のトレレボー型集落遺跡）　147, 148
イェリング（デンマーク・ユラン半島の祭政中心地遺跡）　79, 80
ヴァールスヤーデ（スウェーデン・ウップランド地方のヴェンデル期船葬墓群）　37〜39
ヴァンハリンナ（フィンランド南西部の石塁）　123
ヴィスビュー（スウェーデン・ゴットランド島の商業地遺跡）　60, 63〜65, 69, 153, 155
ヴィボー（デンマーク・ユラン半島の中世初期都市）　151
ヴェステルガーン（スウェーデン・ゴットランド島の集落遺跡）　63, 64
ヴェンデル（スウェーデン・ウップランド地方のヴェンデル期船葬墓群）　36〜41
ヴォーバセ（デンマーク・ユラン半島の農場遺跡）　75〜77
ヴォーリン（ポーランド・バルト海近くのスラヴ人遺跡、伝ヨームスボルク）　67, 118, 119
ウップオークラ（スウェーデン・スコーネ地方の祭政中心地遺跡）　79
ウルネス（ノルウェー・ソグネフィヨルド沿岸の樽板式教会）　149
エーケトルプ（スウェーデン・エーランド島の環状集落遺跡）　25, 26
オーケル（ノルウェー・ハーマルのヴェンデル期大型農場遺跡）　30
オーセベル（ノルウェー・オスロフィヨルド沿岸の船葬墓）　186〜189
オーゼンセ（デンマーク・フューン島の中世初期都市）　151
オーヒュース（スウェーデン・スコーネ地方の商業地遺跡）　66
オーフース（デンマーク・ユラン半島の交易地遺跡、また中世初期都市）　66, 67, 145, 151
オスロ（ノルウェーの首都、中世草創期都市）　151

カ

カウパング（ノルウェー・オスロフィヨルドの交易地遺跡）　66, 67, 69, 186

ガムラ・ウップサーラ（スウェーデン・ウップランド地方の先ヴァイキング時代祭政中心地遺跡、また伝異教神殿址）　31, 38, 40～42, 44, 45, 72, 73, 81, 143, 158, 159, 192～194

カンハーヴェ（デンマーク・サムセー島の運河遺跡）　34, 35

キエフ（ウクライナの首都、ルーシの都市遺跡、ケヌガル）　51, 63, 122, 143, 156

グズメ（デンマーク・フューン島の先ヴァイキング時代祭政中心地遺跡）　32

グロートレスク（スウェーデン・ノルボッテン地方のサミ祭祀遺跡）　128, 129

グロビナ（ラトヴィアのクロニア人遺跡、伝ゼーブルク）　118, 119

ゴクスタ（ノルウェー・オスロフィヨルド沿岸の船葬墓）　186

サ

サットン・フー（イギリス・サフォーク州のヴェンデル期船葬墓）　39

シグトゥーナ（スウェーデン・メーラレン湖畔、スウェーデン初の首都）　63, 68, 142, 143, 149, 151, 153～159

シグルズの彫刻（スウェーデン・セーデルマンランド地方にあるスカンディナヴィア最大のルーン彫刻）　179

シングヴェットリル（アイスランドのアルシング開催地遺跡）　116

スターラヤ・ラドガ（ロシア・ヴォルホフ河畔の祭政中心地遺跡、アルディギュボルグ）　51, 121, 124

スティンク（アイスランドの農場遺跡）　115

スレースヴィ（ドイツ・ユラン半島にある中世初期都市、ドイツ名シュレースヴィッヒ）　68, 151

セズィング（デンマーク・ユラン半島の農場遺跡）　76, 77

ソアテ・ムル（デンマーク・ボーンホルム島の先ヴァイキング時代祭政中心地遺跡）　32

タ

ダネヴィアケ（ドイツ・ユラン半島の堡塁址）　33～35, 52, 145

ダブリン（アイルランドの首都、中世初期都市）　47, 95～99, 144, 155

ダンキアケ（デンマーク・ユラン半島のヴェンデル期祭政中心地遺跡）　29,

32, 35
トゥーシュブリエン（スウェーデン・ゴットランド島の堡塁址）　24, 25
トレッレボリ（スウェーデン・スコーネ地方の交易地遺跡、またトレレボー型集落遺跡）　66, 67, 147
トレレボー（デンマーク・シェラン島のトレレボー型集落遺跡）　147
トロンヘイム（ノルウェー・トレンデラーグ地方の中世草創期都市）　151〜153, 155, 159

ナ

ノヴゴロド（ロシア・イルメニ湖畔の祭政中心地遺跡、ホールムガルズル）　51, 121, 122, 124, 129, 143
ノネバケン（デンマーク・フューン島のトレレボー型集落遺跡）　147

ハ

パーヴィーケン（スウェーデン・ゴットランド島の交易地遺跡）　63, 65
ビルカ（スウェーデン・メーラレン湖の町遺跡、ビョルクエー島遺跡）　32, 53〜55, 66〜73, 123, 140, 158, 159
フーヴゴーデン（スウェーデン・メーラレン湖の祭政中心地遺跡）　72, 73, 81, 191
フュアカト（デンマーク・ユラン半島のトレレボー型集落遺跡）　147, 148
ブラッタフリーズ（グリーンランドの農場遺跡、伝「赤毛の」エイリーク居住地）　112
フレイエル（スウェーデン・ゴットランド島の集落遺跡）　62, 63
ヘーゼビュー（ドイツ・ユラン半島の町遺跡、ドイツ名ハイタブ）　52, 53, 66〜70, 73, 139, 145, 148, 151
ヘリエー（スウェーデン・メーラレン湖のヴェンデル期祭政中心地遺跡）　23, 30〜32, 72, 81, 158
ボッレ（ノルウェー・オスロフィヨルド沿岸の複合遺跡）　30, 81, 186
ボル（ノルウェー・ローフォーテン諸島の農場遺跡）　10, 81, 126

マ

メットトレスケット（スウェーデン・ラップランド地方のサミ祭祀遺跡）
　129
メンツリン（ドイツ・メクレンブルク＝フォアポンメルン地方のスラヴ人遺
　跡）　66, 118

ヤ

ヨーク（イギリス北東部の都市、ヨールヴィーク）　48, 96, 102～106, 134, 155

ラ

ライラ（デンマーク・シェラン島の祭政中心地遺跡）　79
ラウニング・エンゲ（デンマーク・ユラン半島の木造橋遺跡）　145
ラクネの塚（ノルウェー・ローメリケの墳丘墓）　26
ラルスヴィーク（ドイツ・リューゲン島にあるスラヴ人遺跡）　67, 118
ランス・オ・メドオ（カナダ・ニューファンドランド島の農場遺跡）　113
リーベ（デンマーク・ユラン半島の複合遺跡、最長寿都市）　29, 30, 35, 53, 66～
　69, 145, 148, 151
ルンド（スウェーデン・スコーネ地方の中世草創期都市）　134, 151, 155
ロスキレ（デンマーク・ユラン半島の中世草創期都市）　134, 150, 151

■著者略歴■
ヒースマン 姿子 (ひーすまん しなこ)
1965年神奈川県生まれ
1988—1990年スウェーデンウップサーラおよびストックホルム大学留学、早稲田大学文学科史学（考古学）専攻前期博士課程修了。
現在　名古屋大学人間情報学研究科後期博士課程
主要著訳書『新版世界各国史21　北欧史』(山川出版社、共著)、『読んで旅する世界の歴史と文化　北欧』(新潮社　共著)、『スウェーデン史速歩き　ヴィーキングから福祉国家まで』(ビネバル出版)、『図説世界文化地理大百科　ヴァイキングの世界』(朝倉書店、共訳) など

藤本　強
菊池徹夫　監修「世界の考古学」

⑪ヴァイキングの考古学

2000年11月10日　初版発行

著　者　ヒースマン姿子（しなこ）

発行者　山　脇　洋　亮

印刷者　亜細亜印刷㈱

発行所　東京都千代田区飯田橋　同成社
　　　　4-4-8 東京中央ビル内
　　　　TEL 03-3239-1467　振替 00140-0-20618

Printed in Japan The Dohsei Publishing co.,
ISBN4-88621-210-7　C3322

═══ 同成社の考古学書 ═══

藤本強・菊池徹夫 企画監修

世界の考古学
──第2期・全10冊　いよいよ刊行開始──

世界を地域で分けるのではなく、テーマごとに追求する、別の視点から切り取ったもうひとつの「世界の考古学」。

■ **第2期・全10冊の内容** ■（白抜き数字は既刊）

- ⑪ヴァイキングの考古学　　　（ヒースマン姿子著）
- ⑫イタリア半島の考古学　　　（渡辺道治編）
- ⑬ヘレニズム世界の考古学　　（芳賀恭子・芳賀満著）
- ⑭エジプト文明の誕生　　　　（高宮いづみ著）
- ⑮人類誕生の考古学　　　　　（木村有紀著）
- ⑯麦と羊の考古学　　　　　　（藤井純夫著）
- ⑰メソポタミアの古代都市　　（小泉龍人著）
- ⑱コインの考古学　　　　　　（田辺勝美編）
- ⑲チンギス=カンの考古学　　（白石典之著）
- ⑳稲の考古学　　　　　　　　（中村慎一著）

次回配本（2000年12月刊行予定）
⑲チンギス=カンの考古学
- 1章　チンギス=カンの祖先
- 2章　チンギス=カン登場
- 3章　モンゴル帝国の成立
- 4章　チンギス=カンの最後
- 5章　チンギス=カンの子孫たち

次々回配本（2001年2月刊行予定）
⑳稲の考古学
- 1章　稲作考古学の視点
- 2章　考古学から見た初現期の稲作
- 3章　アジア稲作多元説とインディカ・ジャポニカ問題
- 4章　稲作の進化
- 5章　稲作の伝播

========== 同成社の考古学書 ==========

藤本強・菊池徹夫 企画監修

世界の考古学
―― 第1期・全10冊　完結いたしました ――

世界各地をいくつかのブロックに分け、各地域を専門とする第一線の若手研究者が、現場での体験を基にした最新の研究成果を、豊富な写真・図版とともに、コンパクト・平易に概説する。愛好家・専門家から、世界の史跡を訪れる人たちまで、役立つ情報を満載。カラー口絵4頁、各巻末に「参考文献」「編年表」「遺跡索引」を備える。

■ 第1期・全10冊の内容 ■

①アンデスの考古学　　　　　　　　　　　関 雄二 著
　　　　　　　　　　　　　　　四六判・304頁・本体2800円

②メソアメリカの考古学　　　　　青山和夫・猪俣 健 著
　　　　　　　　　　　　　　　四六判・256頁・本体2500円

③ギリシアの考古学　　　　　　　　　　周藤芳幸 著
　　　　　　　　　　　　　　　四六判・256頁・本体2500円

④エジプトの考古学　　　　　　　　　　近藤二郎 著
　　　　　　　　　　　　　　　四六判・272頁・本体2600円

⑤西アジアの考古学　　大津忠彦・常木 晃・西秋良宏 著
　　　　　　　　　　　　　　　四六判・256頁・本体2500円

⑥中央ユーラシアの考古学　　　　　　　藤川繁彦 編
　　　　　　　　　　　　　　　四六判・376頁・本体3200円

⑦中国の考古学　　　小澤正人・谷 豊信・西江清高 著
　　　　　　　　　　　　　　　四六判・358頁・本体3200円

⑧東南アジアの考古学　坂井 隆・西村正雄・新田栄治 著
　　　　　　　　　　　　　　　四六判・340頁・本体3000円

⑨東北アジアの考古学　　　　　　　　　大貫静夫 著
　　　　　　　　　　　　　　　四六判・288頁・本体2700円

⑩朝鮮半島の考古学　　　　　　　　　　早乙女雅博 著
　　　　　　　　　　　　　　　四六判・272頁・本体2600円